恋愛心理学特論

恋愛する青年／しない青年
の読み解き方

Kosaka Yasumasa
髙坂康雅

福村出版

[JCOPY]〈出版者著作権管理機構 委託出版物〉
本書の無断複写は著作権法上での例外を除き禁じられています。複写される場合は,そのつど事前に,出版者著作権管理機構(電話 03-5244-5088,FAX 03-5244-5089, e-mail: info@jcopy.or.jp)の許諾を得てください。

はじめに

　恋愛や（異性）愛については，昔から語られてきた。昔と言っても，100年，200年どころではない。ギリシャ神話には，愛の神エロスのいたずらによるアポロンのダフネに対する悲恋をはじめ，いくつもの恋愛の物語がある。万葉集には，多くの恋の歌が収められており，紫式部が書いた『源氏物語』には，光源氏を中心とした愛憎劇が綴られている。ゲーテは『若きウェルテルの悩み』において，叶わぬ恋に苦悩し，絶望し，自殺を遂げる青年について書き，シェイクスピアは，親同士の争い合いのなか，愛を貫き通そうとした若者の悲恋を『ロミオとジュリエット』として著している。このように，物語や文学，詩歌において恋愛をテーマとしているものは，数多あり，古代より，恋愛や愛は物語や文学において重要な，あるいは中心的なテーマであったといえる。そして，それは数千年経った現代においても変わることなく，小説，映画，ドラマ，雑誌，マンガ・アニメ，流行歌などにおいて，恋愛は欠くことのできない要素となっている。

　哲学や思想に目を移せば，古代ギリシャのプラトンは，『饗宴』において，肉体に惹かれる愛よりも精神に惹かれる愛の方が優れていると説き，その後，プラトンの思想は多くの哲学者・思想家に引き継がれるなか，その思想の捉え方は変遷し，禁欲的で精神的な愛はプラトニック・ラブ（プラトン的愛）として，現在でも用いられている。小説家・Stendhalは，『恋愛論』のなかで，恋愛を「情熱的恋愛」，「趣味的恋愛」，「肉体的恋愛」，「虚栄恋愛」の4種類に分類し，結晶作用や嫉妬など恋愛における心理状態・感情について詳細に記述している。北村透谷は「恋愛は人生の秘鑰なり，恋愛ありて後人生あり」と述べ，恋愛至上主義を貫き，竹田青嗣は，『恋愛論』において，恋愛は死と同様に，人の生を揺さぶるほどの「特権的性格」あるいは「根本感情」を有していると述べている。

　心理学においても，Spranger（1924/1957）は，「恋愛を『定義』すること

は厄介な問題である」と述べつつも，恋愛の特色的な心的構造を示している。そして，愛とは「自己のすべてを与え，相手の喜びや成長や幸福そのものが，そのまま自己の喜びや成長や幸福に連なっている『無所有の原理』」であると定義づけている。Adler（1932/1984）は愛を人生課題（Life task）のひとつと位置づけており，愛と結婚は，人類の福利のための協同であると述べている。Fromm（1956/1991）は，世界的ベストセラー『愛するということ（The art of love)』において，孤立の不安を克服し，現実の社会生活のなかで幸せに生きるためには，愛が必要であると述べている。愛とは与えることであり，愛する者の生命と成長を積極的に気にかけることであり，そうすることができるようになるためには愛する技術（art）が必要であるとも主張している。

このように，神話や詩歌，物語は，数千年前から恋愛や愛について語っており，哲学も長い間，愛について考えてきた。これらから後れをとった心理学でさえ，すでに100年以上恋愛や愛について考察している。しかし，恋愛に関する実証的な心理学の研究はようやく1970年頃になって欧米で行われるようになり，日本では1980年代から研究が始まっている。そして，現在に至るまで，恋愛に関する実証的な研究の数は年々増加し，多くのことが明らかにされ，知見が蓄積されてきている。それでも，まだまだ明らかにされていない恋愛に関わる心理現象は多くあり，「恋人ができない」，「恋人とのつきあいが上手くいかない」，「失恋から立ち直れない」など恋愛に関する悩みに対する一定の見解を提示することも十分にはできていない。

また2000年代に入り，インターネットや携帯電話・スマートフォンが普及し，中学生や高校生でもスマートフォンなどを持つようになった。そして，これらの普及によって，異性との出会い方やつきあい方も大きく変わっていると考えられる。一度も出会うことなく，インターネット上のやりとりだけで，その相手と恋愛関係にあると言う者もいる。恋人とキスをしている写真を撮り，写真投稿・共有サイトなどにアップする者もいる。このような新しい恋愛心理や恋愛行動について，これまでの心理学的論究や実証的研究では，十分に説明することができていない。同時期には，デートDVやストーカー，リベンジポ

ルノのような恋愛に関わる問題行動・犯罪行動が注目されるようになり，これらの問題行動の生起に関わる心理的要因の検討や，その知見をもとにした予防的・治療的アプローチの確立が求められている。近年の変化のなかには，恋愛に積極的になれない／ならない者や恋人を欲しいと思わない者への注目もあげられるであろう。これまでは，青年期に入れば，誰もが異性や恋愛に興味を抱き，誰か異性を好きになり，いずれは恋人ができ，そして結婚に至るという"スタンダードな生き方"があり，それを前提として，心理学的な研究も行われてきた。しかし，現在，恋人を欲しいと思わない者は20～30％ほどおり，もはや少数派とは言えなくなってきている。詳細は第4章にゆずるが，このような恋人を欲しいと思わない者に対する研究は，そもそもこれまでの心理学的な研究が前提としていた生き方そのものを否定する可能性もあるため，ほとんど進んでおらず，恋人を欲しいと思わない者はある種の偏見にさらされているともいえる。この他にも，LGBT（レズビアン，ゲイ，バイセクシャル，トランスジェンダーの頭文字）とよばれるセクシャルマイノリティの認知度の上昇に伴う同性愛への関心の高まりや，"セフレ（セックス・フレンド）"や"ソフレ（添い寝フレンド）"に代表される恋人と異性友人とのボーダーレス化なども，2000年代に入ってからの恋愛に関わる現象としてあげることができるであろう。

　このような恋愛に関する心理学的な研究の現状と2000年頃からの新たな恋愛現象・恋愛行動の出現を念頭に，本書をまとめることとした。その目的は，恋愛に関する心理学的な研究の活性化である。残念ながら，日本では恋愛を専門に研究している者——恋愛心理学者というアイデンティティをもつ者——はほとんどいない。かくいう私自身も，青年心理学者であって，恋愛心理学者ではない。青年期の対人関係に関する研究の一環として恋愛の研究をしているのであり，恋愛の研究をしている他の研究者も，おそらくそれぞれの専門領域の一環，あるいはそれに関係するため，恋愛の研究をしていると考えられる。これも恋愛に関する研究が進捗・活性化しない理由であるかもしれない。そのため，この本は今現在恋愛について研究をしている研究者に向けては書いていな

い。すでに恋愛の研究をしている研究者にとっては，何を当たり前のことを言っているかと，つまらなく感じられるであろう。また，何か恋愛に関する悩みをもっていて，その悩みを解決するためのヒントを得たいと思って本書を手にした方にとっては，期待外れになるかもしれない。先ほども述べたように，現在の恋愛に関する心理学的な研究では，恋愛に関する悩みに対して一定の解答を導出することができていないからである。

　もちろん，一般の方が読んでも理解できるようには書いているが，本書は，これから恋愛に関する心理学的な研究をしようと思っている大学生や大学院生に向けて書いている。そのため，本書では，ただ単にこれまでの恋愛に関する理論を示すだけではなく，その理論の問題点やその理論を活かした今後の研究の方向性を示したつもりである。また，いくつかの新しいトピック・テーマや，恋愛に関する新たな捉え方・考え方も提示している。これらが研究のインスピレーションとなったり，今後の研究のヒントになり得るかもしれない。コラムでは，これから恋愛の研究を進めるなかで多くの人が感じるであろう研究の難しさや疑問を，私自身の経験も踏まえ，率直に書いている。これらもすべて恋愛研究の活性化を目指したものであり，本書の読者から一人でも恋愛に関する研究をしようとする者が増えることを切に願っている。

＊＊＊＊＊＊＊＊＊＊＊＊＊＊＊＊＊＊＊＊＊＊＊＊＊＊＊＊＊＊

　ここで，本編に入る前に，本書の前提となっている私の立場・考え方を3点明記しておきたい。

（1）青年心理学の観点による恋愛心理学

　第2章で詳述しているが，これまで恋愛に関する研究は，社会心理学，青年心理学，進化心理学で行われてきており，それぞれの領域において知見が蓄積されているが，なかなかその知見の相互交流は行われていない。また，恋愛心理に関する図書がいくつか出版されているが，そのほとんどが社会心理学の観

点から書かれたものであり，最近になって，進化心理学の観点から書かれた海外の研究者の図書が翻訳されて出版されるようになってきた。一方，青年心理学でも恋愛に関する論究・研究は行われてきているが，なかなか一冊の本としてまとめられることはなかった。

しかし，恋愛が活発化するのは，中学生や高校生，大学生のようないわゆる青年期であり，その間の心身の発達が，恋愛のあり方にも関わっているのは容易に想像できる。社会心理学では，そのような個人の発達的な特徴や変化は扱わずに，恋愛の進展・崩壊プロセスやその過程で生じる感情・行動の分析および関係性を明らかにすることに焦点を当てている。一方，青年心理学では，青年期特有の心理状態や青年個人の発達状況と恋愛のあり方との関連あるいはそれらの相互作用に注目する。そして，本書は後者（青年心理学）の立場から書かれており，特に第3章は青年心理学の中心的概念のひとつであるアイデンティティをとおして恋愛について説明をしている。そのため，同じ恋愛現象や恋愛行動であっても，社会心理学の観点からの説明と本書での説明とでは異なっていることもあり，驚かれることもあるであろうが，言い換えれば，同じ現象であっても，見方が異なれば，解釈・説明も異なるのだと思っていただければと思う。

なお，本書では，青年について明確な定義をしていないが，中学生・高校生・大学生およびそれに相当する年齢の者を青年としてイメージしていただきたい。また，必要に応じて，若者という呼称も用いているが，青年よりは年齢や職業などにおいてより広範な者を指す際に用いている。

(2) 国内研究への焦点化

本書では，もちろん海外の理論・研究も取り上げてはいるが，それ以上に，日本国内で行われている研究に焦点を当ててまとめている。このことは，私自身の英語力が乏しく，また海外の研究へのアンテナが弱いことも一因としてあげられる。しかし，それ以上に，海外の理論を輸入して，日本で再確認することや，海外での研究知見をただ紹介するだけということに，抵抗感を抱いてい

るためである。

　恋愛は，社会・文化的な影響を受けやすい現象であると考えている。日本語には，恋・愛・恋愛という言葉があるが，英語はすべてLoveあるいはRomantic loveである。日本語では「恋に落ちる」というが，英語ではFalling love（愛に落ちる）である。このような言語的な差異は，おそらく実際の恋愛現象や恋愛心理にも影響を与えていると考えられる。また，日本では，告白をして初めて恋愛関係になるが，欧米では，明確な告白をしないまま，恋愛関係になることが多い。日本人からすれば，「はっきりしない」，「けじめがつかない」と思われることが，欧米の恋愛では普通なのである。以前，あるメキシコ人に，「日本の高校生の約20%には恋人がいる」と言ったら，「多すぎる」，「メキシコでは20歳過ぎになってから恋愛に積極的になる」と驚かれた（私としては，そう言われたことにも驚いたが）。1人の意見なので，メキシコ人の恋愛の全体像を示しているかどうかは定かではないが，日本と海外の恋愛事情は決して同じではないことの一例であるといえる。

　もちろん国や文化が違っても，人類に普遍的な恋愛に関する感情や行動，メカニズムがあることは否定しないし，それを見つけ出すことにも意義がある。しかし，恋愛に関しては，やはり多くの点において日本と欧米では異なっているであろうし，実際，比較文化的研究においても，欧米とは異なる知見が得られている場合も少なくない。本書は，これから恋愛に関する研究をしようとしている者に向けて書いている。そのため，そのような読者には，いきなり欧米の論文に当たり，それを無批判に輸入し，日本でも当てはまるどうかを検討するような研究をするのではなく，目の前で展開されている日本人の恋愛を詳しく理解してもらいたいと考え，国内の研究に焦点化したのである。

（3）恋愛の定義

　Spranger（1924/1957）が述べているように，恋愛を定義することは，極めて厄介で困難なことであるが，本書では，特段の断りがない限り，恋人や恋愛を以下のように暫定的に定義している。

はじめに

　恋人とは，直接接触・交流できる異性であり，恋愛関係を構築・維持することに本人とともに同意している者

　恋愛とは，恋人と構築・維持している関係，および，関係構築前や関係崩壊後も含むその者との関係によって生じる心理・感情・行動の総称

　恋人の定義については，いくつか説明が必要である。まず，「直接接触・交流できる」という点から，インターネット上でしか関わりのない者やすでに亡くなっている者は含まれない。もちろん遠距離恋愛で1年に数日しか会えない恋人もいるであろうが，それでもその恋人とは実際に顔を合わせ，話をし，キスやセックスをすることができる。テレビ電話のようにインターネットを利用することにより顔を合わせ，話をすることは可能になったが，相手が実際に目の前にいたり，肌を合わせたりすることができるかどうかは，人の心理や行動に大きく影響を及ぼすと考えられるため，直接接触・交流できない者は含めていない。

　2点目は「異性」である。最近は，LGBTとよばれるセクシャルマイノリティへの認知度が上がり，渋谷区などでは，男女の婚姻関係と異ならない程度の実質を備えたと判断される同性カップルを，「パートナーシップ」として証明する制度を始めている。これから考えると，恋人を異性に限定することは適切ではないと考えられる。私自身は異性愛者であるが，同性愛者や両性愛者に対する偏見も差別も持ち合わせていない。では，なぜ「異性」に限定しているのかと言えば，同性間恋愛に関する研究知見があまりにも少ないからである。セクシャルマイノリティとよばれるだけあって，LGBTに該当する者は少数である（第1章参照）。そして，そのようなセクシャルマイノリティを対象者とした研究は少なく，十分な知見が得られているとは言いがたい。特に，数百名という人数が必要となる質問紙調査・量的研究は，ほとんど行われておらず，同性間恋愛が異性間恋愛とどこが同じでどこが違うのかがわからないのである。わからない以上，同性間恋愛について書くことはできない。そのため，本

書では,「異性」に限定せざるを得なかったのである。今後,同性間恋愛についての研究知見が蓄積され,異性間恋愛との異同が明確になってきた際には,この「異性」という条件は削除されるであろうし,そうなることを期待している。

　3点目は,「恋愛関係を構築・維持することに本人とともに同意している」という点である。第1章で述べているが,恋愛関係は,親子関係のような生物学的な関係でもなければ,夫婦関係のような社会契約関係でもない。あくまで,本人同士の「口約束」にしかすぎないのであるが,だからこそ,お互いの意思が重要なのである。そこで,本書においても,一方的に相手のことを想っていても,相手が同意していない場合（片想い）や,「セフレ」のように性的行動をしていても互いがその関係を恋愛関係として認めていない場合には,恋人には含まれないと考えている。

　この定義についても,まだまだ検討の余地はあると思われる。たとえば,好意の有無は条件として入れていない。しかし,なかには,同情のような好意以外の感情に基づいて恋愛関係を構築している者や,金銭や評価・名声のために交際している者もいる。好意といっても,LoveなのかLikeなのかによって,その意味合いも変わってくるであろう。そのため,好意の有無は考慮していない。他にも検討点や議論点はあるであろうが,実際に調査・研究をしてきた経験から,現時点では,この定義が最善であると考えている。

****

　恋愛というのは,経験を積めばうまくなるというものではない。相手が変われば恋愛の仕方も変わってくる。恋愛にマニュアルなど存在せず,毎回毎回新たな試みをして,うまくいったと喜び,うまくいかなかったと落ち込むのである。たくさんの異性とつきあったことを自慢する者もいるが,たくさんつきあったということは,たくさん別れてきたのである。新しい異性とつきあうたびに,不安や嫉妬を感じ,ちょっとしたことで怒り,わずかな言動で相手を

疑ってしまう。そのようななかから，ふとした時に「これが愛かも？」と思える片鱗(へんりん)を人は見出し，それを「愛だ」と信じるのである。

　また研究に目を向ければ，私自身，恋愛に関する研究は道半ばであり，まだまだ明らかにしていきたいことがたくさんある。そして，それは恋愛研究全体にもいえることである。古代より人を魅了してきた恋愛という現象を，心理学は明らかにし尽したとは到底言えず，明らかにすべきこと，研究すべきことはいくらでもある。しかし，実際に研究を始めると，なかなか明らかにしたいことにたどり着けず，挫折しそうになることも少なくない。そのような苦労のなかでも，研究をし続けた先に，わずかではあるが，確実な恋愛の本質を見つけ出すことができるのである。

　このように考えると，恋愛も恋愛研究も"パンドラの箱"のようなものなのかもしれない。恋愛という黄金の箱のなかには，嫉妬，不安，怒り，猜疑心，浮気心，疲労感などのネガティブな感情が渦巻いているが，その奥に光り輝く幸せ，あるいは愛があるのかもしれない。恋愛研究も始めてしまうと，色々な困難や障がい，問題に直面する。それでもその奥に恋愛の，あるいは愛の本質がそっと潜んでいる。そのような希望が，人を恋愛に，そして恋愛研究に駆り立てるのかもしれない。

　パンドラに黄金の箱を開けさせたのは，彼女自身の好奇心である。読者にも，そのような強い好奇心をもって，本書を読み進めることを期待する。そして，読み終えた先に，読者それぞれの希望が見出せることを願っている。

2016 年 6 月
髙坂康雅

目　次

はじめに （3）

第1章　青年にとっての異性・恋人 …………… 14
1　異性への意識と関わり ……………………………… 14
2　恋人という存在の特徴 ……………………………… 28
3　恋愛・恋人の重要性 ………………………………… 41

コラム1　恋愛を研究するのは大変！？　（48）

第2章　恋愛に関する心理学的研究 …………… 50
1　社会心理学における恋愛研究 ……………………… 50
2　青年心理学における恋愛研究 ……………………… 64
3　進化心理学――恋愛研究における第三の潮流 …… 75
4　恋愛研究の新たな動き ……………………………… 78

コラム2　学生は恋愛の研究ができない！？　（94）

第3章　青年期の恋愛とアイデンティティ ……… 96
1　Eriksonによる恋愛とアイデンティティとの関係 …… 96
2　エネルギーで捉える青年期の恋愛 ………………… 100
3　さまざまな恋愛現象と恋愛のエネルギー論 ……… 108
4　恋愛のエネルギー論に関する実証的検討 ………… 121
5　青年期の恋愛の活かし方 …………………………… 124

コラム3　幸せな恋愛は金にならない！？　（128）

第4章 ● 恋人を欲しいと思わない青年 ………………… 130
　1　恋人を欲しいと思わない青年の割合 ………………… 131
　2　恋人を欲しいと思わない青年の心理的特徴 ………… 137
　3　恋人を欲しいと思わない理由 ………………………… 145
　4　"恋人を欲しいと思わない青年"の問題とは ………… 153

コラム4　恋人の有無を尋ねることは倫理的に問題があるのか？　(158)

第5章 ● 恋愛研究の展望 ……………………………… 162
　1　心理学が恋愛を研究する意義 ………………………… 162
　2　恋愛研究の展望 ………………………………………… 174

コラム5　恋愛は心理学だけのもの？　(188)

引用文献　(190)
人名索引　(203)
事項索引　(208)

お わ り に　(212)

第1章

青年にとっての異性・恋人

　恋愛に関する心理学的な議論をする前に，本章では，恋愛に関する実態調査などを参照しながら，「恋人とはどのような存在なのか」について考えてみたい。この「恋人とはどのような存在なのか」という恋人の定義に関わる問いについて，明確に答えることは，容易なように思われるが，実は大変難しい。本章をとおして，改めて「恋人とはどのような存在なのか？」について考えてもらいたい。

1　異性への意識と関わり

▶異性への意識の高まり

　青年期は，10代前半に生じる身体的変化によって始まるとされている。この身体的変化には，身長や体重の増大のような量的変化と，2次性徴の発現という質的変化がみられる。具体的には，男性は，筋肉が増大し，肩幅が広がり，精通や声変わり，ひげや性毛など体毛の発毛などが生じる。女性は，皮下脂肪が増大し，身体全体が丸みを帯び，乳房や性毛が発育し，月経も生じるようになる。

　このような身体の変化は，自分が男性／女性であることを強く意識させる。また，身体の変化が生じる時期と前後して，学校で男女が異なる制服を着るようになり，着替えや体育などの授業も男女別になる。男子と女子で遊び方や興

味・関心が異なってきて，男女で話題が合わないことも少なくない。身体や制服，遊び方などの変化は周りからの見られ方・扱われ方にも影響する。それまでは男女合わせて「子ども」と言われてきたが，徐々に「男子（男性）」と「女子（女性）」と区別されるようになり，「男なんだから……」，「女なのに……」と男女で異なる扱われ方をされるようにもなる。女性であれば，痴漢などの性被害を受けることも増えるようになり，徐々に自分が男性／女性であるという性意識が高まっていく。そのような自己の性意識の高まりは，同時に，自分とは異なる性をもつ存在としての"異性"を明確に認識させる。そして，異性という存在を認識すると，自分の身体はこうなっているが，異性の身体はどうなっているのだろう，自分はこう考えるけど，異性はどう考えるのだろうというように，青年は異性の身体や異性そのものに興味をもつようになっていく。

東京都幼・小・中・高・心性教育研究会（以下，都性研，2014）が，中学3年生に対して，異性への興味・関心について尋ねたところ，「そう思ったことがない」と回答したのは，男子で22.2％，女子で20.0％であった（表1-1）。異性への興味・関心をもち始めた時期については，女子は「小学3年以前」が16.2％で最も高かったが，「小学5年」（14.3％），「小学6年」（14.5％）も多かった。男子は，女子よりもやや遅く，「小学6年」（17.1％），「中学1年」（16.6％）が多くなっていた。また，日本性教育協会（2007）では，中学生・高校生・大学生などを対象に，性的関心の経験率を尋ねている（図1-1）。その結果，男子では，15歳で半数以上が性的な関心をもつようになり，17歳で8割に達している。女子は16歳で約半数が関心をもち，19歳で8割を超えるようになる。

このように，10代前半の身体的変化の発現に前後して，異性への興味・関心や性的関心が生じ始め，年齢が上がるとともに，それらも高まることがみてとれる。このような関心の高まりは，当初は異性全般であるが，徐々に特定の異性に向けられるようになり，その特定の異性と親密な関係（恋愛関係）をもちたいという気持ちを生む動機になると考えられる。一方，異性への関心の高まりは，異性友人との関係にとっては悪影響を及ぼす可能性がある。小学校中

表 1-1　中学 3 年生が初めて異性に興味・関心をもった時期（%）

	小 3 以前	小 4	小 5	小 6	中 1	中 2	中 3	ない
男子	9.9	4.5	9.5	17.1	16.6	14.7	3.5	22.2
女子	16.2	9.4	14.3	14.5	12.4	8.1	3.8	20.0

（都性研（2014）より作成）

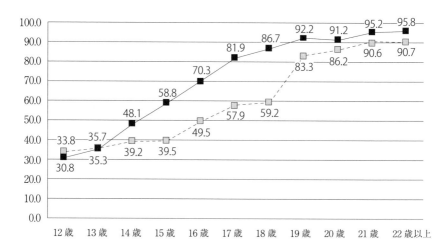

図 1-1　各年齢における性的関心経験率（%）（日本性教育協会（2007）より作成）

学年頃までは，あまり男女を気にせず一緒に遊ぶことができていたが，高学年頃になると，男女ともに同性友人だけのグループを形成し，そのような同性グループ関係を強調するようになる。保坂・岡村（1986）は，小学校高学年頃に形成される同性友人グループをギャング・グループ（gang-group）とよんでいる。ギャング・グループは，親からの分離－個体化のために仲間集団を必要とする時期に現れ始める徒党集団であり，同一行動による一体感を重視する傾向がある。"同じ行動をすること"に重点が置かれ，同じ行動をしなくなる異性に対して反発や嫌悪（sex aversion）が高まり，一緒に行動することを嫌がったり，避けたり，拒否したりするようになる。特に，男子においては，異性に対する乱暴な言動（拮抗的行動；sex antagonism）を示すようになる（返

田，1986)。

　都性研（2014）の調査では，小学校高学年を対象に，「異性ともっとなかよしになりたいと思いますか」という質問をしている（図1-2）。その結果，男子では，小学4年生の67.2%が「そう思う」（「とても思う」＋「少し思う」）と回答しているが，小学5年生で56.5%，小学6年生で51.9%と，その肯定率は緩やかに減少している。女子でも小学4年生は84.4%が「そう思う」と回答しているが，小学5年生で71.2%に減少し，小学6年生で79.0%に上昇するが，小学4年生の水準には達していない。また，一緒に遊ぶ友だちについては（図1-3），「男の子も女の子も一緒になって遊ぶ」は男女ともに小学2年生での割合が最も高く，それ以降減少していく。それに対して，同性を選択する割合は小学3年生以降高い水準を維持し，小学6年生では，男子の83.5%，女子の76.5%が，「ほとんどの時，同性と遊ぶ」と回答している。さらに，異性と一緒に遊ぶことについては，男女ともに学年が上がるにつれて，「楽しいと思う」の肯定率は減少し，特に男子での減少は顕著である。一方，「何とも思わない」の肯定率は上昇し，男子では「いやだと思う」の肯定率も10%前後まで高まっていく（図1-4）。

　これらの調査結果で示されているように，小学校高学年では，性的関心も含めた異性への関心が高まっていくのに対して，異性と仲良くなりたいと思う者や異性も含めて一緒に遊ぶ者が減り，異性と一緒に遊んだとしても楽しいと思えなくなる。また，この頃には，単に一緒に遊ばないというだけではなく，男子（グループ）と女子（グループ）

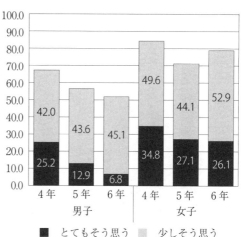

図1-2　小学校高学年の異性への親密欲求（%）
（都性研（2014）より作成）

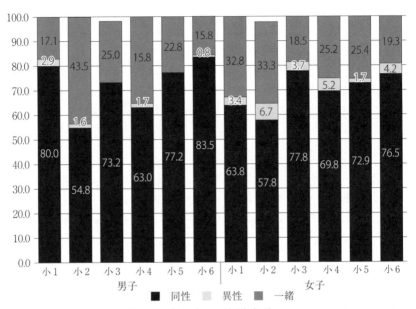

図1-3 小学校の一緒に遊ぶ友だちの性別（%）（都性研(2014)より作成）

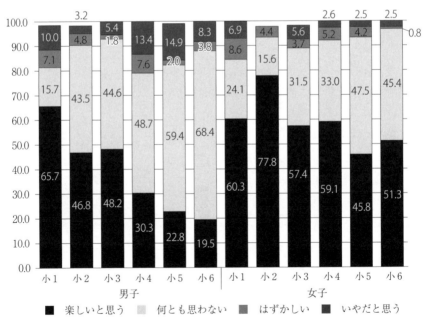

図1-4 小学生が異性と一緒に遊ぶことに対する気持ち（%）（都性研(2014)より作成）

が互いにいがみ合ったり，対抗心を燃やしたりして，反発することもある。松井（1996）は，このような異性間での反発が生じる理由として，①異性への関心が高まること，②異性との接し方のスキルが不足しているため，異性とどのように接してよいかわからず，必要以上に緊張したり，恥ずかしがったりすること，③同性の友人の目を意識すること，の3点をあげている。異性・性に対する興味・関心は高まっているが，異性との関わりに関するスキルが不足しており，また，同性友人の目も気になるため，素直に異性と関わることができない。そのような状況下で，いわゆる反動形成のかたちで異性への反発が生じているのである。

▶ 青年の恋愛状況の実際

　このように，年齢が上がるとともに，異性・性に対する興味・関心は高まる一方，異性と仲良くなりたいと思う者や一緒に遊ぶ者は減少していく。しかし，これらが減少しているといっても，小学6年生男子の51.9%，女子の79.0%は，異性ともっと仲良くなりたいと思っており（図1-2），また，小学6年生男子の15.8%，女子の19.3%は，異性も含めて一緒に遊んでいる（図1-3）。もちろん，男子校・女子校に進学しなければ，先輩や後輩を含めて，同年代の異性が多数いる状況にあり，異性・性への漠然とした興味・関心が，徐々に特定の異性に向けられるようになることは，想像に難くない。

　初めて特定の異性に恋愛的な意味での好意が向けられることによって，「初恋」が経験される。第一学習社（1991）が高校生を対象に行った調査では，「小学校時代」（58.0%）が初恋の時期として最も多く，次いで「中学校時代」（20.1%），「幼稚園時代」（16.6%）となっており，初恋の相手の90%以上は「同級生」であった。また，大野（1999）は大学生を対象に初恋経験に関する調査を実施し，98.0%が初恋を経験していることを明らかにしている。初恋の年齢では，「小学校以前」が13.5%で最も多く，小学2年生から6年生の間も10%前後となっている。さらに，ライフネット生命保険（2012）が20歳から59歳の男女各500名を対象に行った初恋に関する調査（図1-5）でも，初恋

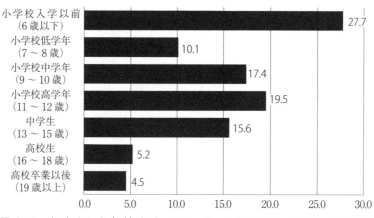

図1-5　初恋をした年齢（%）（ライフネット生命保険（2012）より作成）

をした年齢で最も多かったのは，「小学校入学以前（6歳以下）」で27.7%，次いで「小学校高学年（11〜12歳）」の19.5%，「小学校中学年（9〜10歳）」の17.4%となっており，初恋の平均年齢は10.4歳であった。初恋の相手のほとんどは同級生（75.3%）であり，上級生（7.8%），先生（2.8%）と続いている。ちなみに，初恋の相手が配偶者または婚約者となっている者は1.0%，現在交際している者は0.2%，以前交際していた者は1.5%となっている。これらを合わせても2.7%であり，初恋の相手と交際に至るのは，100人に2〜3人という狭き門なのである。

　初恋を含め，異性を好きになったからといって，すぐに恋愛関係になれるわけではない。実際は，告白にさえ至らずに終わる場合も多いが，徐々に異性に想いを告げ，恋愛関係を構築する青年が増えてくる。日本性教育協会（2013）が中学生から大学生を対象に，告白した経験（告白経験）や告白された経験（被告白経験）を尋ねたところ（図1-6），告白経験については，中学生時点では男子よりも女子の方が多いが，高校，大学と上がるにつれ，男子の告白経験は2倍以上まで増えるが，女子は1.5倍程度にとどまっており，学校段階が上がるにつれ，男性の方が積極的に告白をしているといえる。被告白経験については，男子も女子も中学生から大学生にかけて約20%増加しており，いずれ

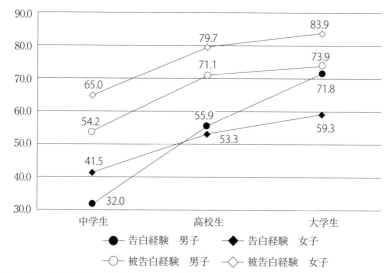

図1-6 告白経験・被告白経験の推移（％）（日本性教育協会（2013）より作成）

の学校段階においても女子の方が男子よりも10％ほど高くなっている。この傾向は，女子の方が年上の男子から告白されることが多いからであると考えられるが，告白経験も被告白経験も男女で10％程度しか差がないことを考慮すると，「告白は男性がするもの」という固定観念は，少なくとも現代青年にはあまり適用されないのかもしれない。

では，実際にどの程度の青年が異性と交際をしているのであろうか。日本性教育協会（2013）によると，中学生では，男子の12.4％，女子の13.7％が「付き合っている人がいる」（「1人いる」＋「複数いる」）と回答しており，高校生では男子の20.9％，女子の28.2％，大学生では男子の38.6％，女子の37.9％が，「付き合っている人がいる」と回答している。また，国立社会保障・人口問題研究所（2012a）の調査では，18歳から34歳の未婚者のうち，婚約者・恋人がいる者は，男性で24.6％，女性で34.0％である一方，男性の61.4％，女性の49.5％は「（恋人としても友人としても）交際している異性はいない」と回答している。年齢で分けてみていくと（図1-7），男性では20代後半，女性

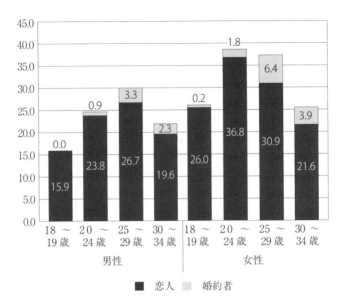

図 1-7　恋人・婚約者のいる者の年齢別の割合（％）
（国立社会保障・人口問題研究所（2012a）より作成）

では 20 代前半で，恋人または婚約者がいる割合が最も多くなり，30 代になると男女ともに減少する。この傾向は，恋人や婚約者がいた者が結婚したため，相対的に恋人がいない者の割合が増えたために生じたものであると考えられるが，言い換えると，若いうちに恋人をつくり，結婚していかないと，年齢が上がるにつれ，恋人や婚約者ができる可能性が低下することを示唆しているともいえるのである。

ちなみに，小学生に恋人の有無を直接尋ねている調査は見当たらなかったが，Benesse 情報サイト（2013）は，小学 5 年生から大学 1 年生の保護者を対象に，前の学年までの子どもの異性交際状況について尋ねている。その結果，小学 5 年生の保護者の 5.0％，小学 6 年生の保護者の 13.7％が，自分の子どもには異性交際経験があると回答している（図 1-8）。つまり，小学 6 年生の 7〜8 人に 1 人には，恋人がいる，あるいは，恋人がいたことがあると保護者は回答しているのである。もちろん，あくまで保護者からの回答であるため，子

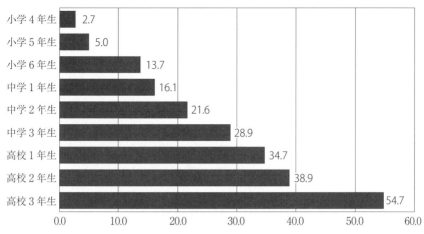

図1-8 子どもの異性交際経験があると回答した保護者の割合（％）
（Benesse情報サイト（2013）より作成）

どもから直接「恋人がいる」と伝えられている場合もあれば，子どもの様子から保護者が「恋人がいるだろう」と感じ取っている場合，あるいは，実際には恋人がいるのに，子どもから伝えられず，保護者も感じ取ることができていない場合も考えられるため，どこまで信用に足る回答なのかは定かではない。それでも，この調査から，実際の異性交際が小学校高学年から徐々に始まっていることはうかがい知ることができるのである。

　このように，異性・性に対する興味・関心が高まり始める小学校高学年や中学校時代に恋人がいる者は10％程度であり，青年期後期においても，実際に恋人がいる青年は，男子で4分の1程度，女子で3分の1程度にとどまっている。一方，「恋人が欲しいのにできない」という経験をしている青年が37.6％いることも報告されており（髙比良，1998），また大学生で「恋人がいないので，欲しいと思っている」と回答している者が46.9％いる（髙坂，2013b）ことも明らかにされている。これらから，ほとんどの者が異性・性への興味・関心や異性との親密欲求をもっているにもかかわらず，現実には恋愛関係をもっている者は少ないというギャップがみられるのである。

ところで，近年，「草食（系）男子」（深澤，2007；森岡，2008）や「干物女」のように，異性や恋愛に対して消極的な青年を表す言葉が流行し，ある程度定着したように思われる。これらの流行語のように青年が草食化・干物化しているのであれば，恋人がいる青年の割合は減少していると推測される。実際，オーネット（元オーエムジー）が新成人を対象に毎年行っている調査（図1-9）をみると，1996年の新成人では，男女ともに50.0%には交際相手がいたが，男性は2000年から2004年の間に約20ポイント減少し，20%台になり，その後は20%前後を推移し，若干の上下をしながら，2015年は3年ぶりに20%台に回復している。女性では，1996年からゆるやかに減少し，2011年で初めて20%台になり，その後若干回復するものの，2015年では27.7%と，過去最低となっている。一方，日本性教育協会では，第5回調査（1999年），第6回調査（2005年），第7回調査（2011年）の3回において，質問文が変更されてはいるが，交際相手・恋人のいる割合に大きな変化はみられていない。また，国立社会保障・人口問題研究所の調査でも，第9回調査（1987年）から第13回調査（2005年）における，婚約者・恋人がいる割合は男性で25%前後，女性で33%前後となっており，ほとんど変化していない（図1-10）。

　このように，恋人がいる青年の割合が以前に比べて大幅に減少しているとする調査もあれば，それほど変化していないとする調査もあり，青年の恋愛に対する草食化・干物化が生じていると断定することはできないといえる。むしろ，草食化・干物化は，単に恋人がいる青年の数が減っているという量的な変化を指すものではなく，異性に対するアプローチの変化，つまり，何度もデートに誘ったり，プレゼントを贈ったり，電話やメールをするような積極的なアプローチから，無理に誘ったり着飾ったりせず，自然な流れでゆっくりと行うアプローチに変わったという質的な変化を意味する言葉であると考える方が適切であるのかもしれない。

　では，日本国内の青年の恋愛状況はある程度把握したところで，海外の青年の恋愛状況はどのようになっているのであろうか。内閣府（2012）が日本，韓国，アメリカ，イギリス，ドイツ，フランス，スウェーデンの7カ国の満13

第 1 章　青年にとっての異性・恋人

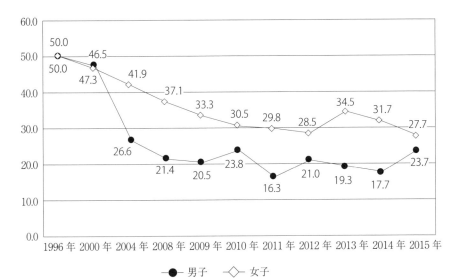

図 1-9　交際相手がいる新成人の割合の推移（％）（オーネット（2015）より作成）

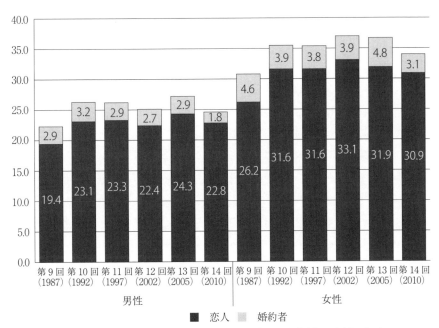

図 1-10　調査ごとの婚約者・恋人がいる未婚者の割合（％）
（国立社会保障・人口問題研究所（2012a）より作成）

歳から満29歳を対象に実施した調査がある。この調査の「結婚していますか」という問いに対する16〜29歳の回答を，図1-11に示す。これをみると，まず日本と韓国以外の5カ国では，既婚者（事実婚を含む）や結婚経験者（離別・死別）が多いのがみてとれ，その割合は，アメリカで約25%，イギリスやスウェーデンで約30%，ドイツとフランスは38%を超えている。ドイツ，フランス，スウェーデンでは，既婚者の半数またはそれ以上が事実婚であることは考慮しなければならないが，15%弱しか既婚者や結婚経験者がいない日本はこれらの国々と比べるとその割合は少なく，韓国は5%程度と顕著に少ないといえる。また，「結婚していないが，恋人がいる」と回答した割合は，ドイツやフランスで27%前後，アメリカ，イギリスは30%を超えているのに対し，スウェーデンと日本は20.2%と少なかった。既婚者・結婚経験者が少なかった韓国では，「恋人がいる」割合が34.4%と，7カ国中最も多かった。既婚者の割合も恋人がいる割合も日本は少なかったことから，当然，「結婚しておらず，恋人もいない」という回答は，日本が65.7%と突出して多くなっている。この調査をみる限り，日本は他の国に比べ，異性交際は活発ではないといえる。

　ただし，このような国際比較調査の場合，そもそも恋人の定義や結婚の意味づけがその国や文化で異なる可能性があることを考慮しなければならない。たとえば，日本では恋愛関係を始める際には「告白」をすることが一般的と考えられているが，そのような「告白」の習慣があるのは日本や韓国などのアジアの一部の国だけであり，欧米では「告白」の習慣はほとんどないことが指摘されている（牛窪，2015）。また，事実婚が広く受け入れられている国々では，関係が親密になってくれば，同居・同棲を試してみて，うまくいきそうであれば，事実婚を含めた結婚を選択するカップルが少なくなく，友だちと恋人，結婚の境界が日本ほどは明確ではないともいわれている（牛窪，2015）。以前ほど強くはないにしても，日本ではいまだに結婚は家と家との結びつきと考えるケースも多く，数字だけでの単純な比較には注意が必要である。

　ちなみに，事実婚というと，結びつきが弱い曖昧な，あるいは無責任な関係

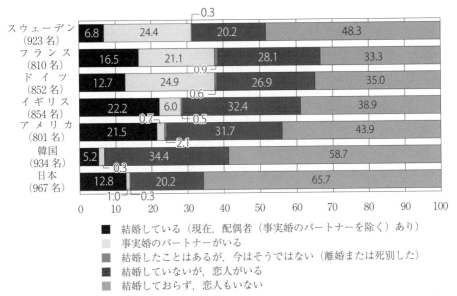

図1-11 7カ国の結婚・交際状況（16〜29歳）（％）（内閣府（2012）より作成）

と捉えられ，簡単に解消してしまうのではないかと思われているが，図1-11に示した通り，ドイツやフランス，スウェーデンのような事実婚が広く認められているような国々の「離婚または死別」経験者が突出して多いわけではない。これらの国々では，事実婚による社会保障や権利を認める法律が制定されており，事実婚の夫婦は，法律婚の夫婦とほぼ同じ権利を有しており，これが功を奏したのか，出生率も徐々に上昇している（婚外子に関するさまざまな問題が生じていることは事実であるが）。

また，「はじめに」で述べたように，本書における"恋人"は異性を前提としているが，同性との恋愛関係をもつ者，あるいはそれを志向する者はどの程度いるのだろうか。国内において，同性愛やLGBTに関する調査は極めて少ないため，その実数は明らかにされていない。電通ダイバーシティ・ラボ（2015）が20〜59歳の男女6万9989名を対象に行った調査では，対象者のうち，7.6％がLGBTであることが明らかにされている。また，髙坂（未発表；

表1-2　大学生における恋愛対象となる性別の割合（髙坂，未発表）

	恋人がいる		恋人がいない		
	異性	同性	異性	同性	どちらでも
男子	193（97.5%）	5（2.5%）	573（95.8%）	4（0.7%）	21（3.5%）
女子	314（98.7%）	4（1.3%）	507（89.6%）	6（1.1%）	53（9.4%）
合計	507（98.3%）	9（1.7%）	1080（92.8%）	10（0.9%）	74（6.4%）

表1-2）が大学生1692名を対象に行った調査では，恋人がいる者には現在の恋人の性別を尋ね，恋人がいない者には，恋愛対象について「異性」，「同性」，「どちらでもよい」のなかから選ぶように求めている。その結果，恋人がいる者のうち，その恋人が「同性」である者は1.7%であり，恋人がいない者のうち，恋愛対象が「同性」か「どちらでもよい」者は7.3%であった。対象者全体でみると，恋人が「同性」である者，あるいは恋愛対象が「同性」か「どちらでもよい」者は，5.5%（1680名中93名）となり，電通ダイバーシティ・ラボ（2015）の結果とほぼ同程度であるといえる。LGBTがマイノリティであるからといって，心理学的な研究の対象者として無視してよいわけではないが，これまでの心理学的な恋愛研究が異性関係を前提としており，同性愛・LGBTの恋愛関係に関する知見がほとんどないことから，本書では，特別な断りがない限り，恋愛関係は異性関係を意味することを改めて断っておく。

2　恋人という存在の特徴

これまで恋愛に関するさまざまな実態調査について紹介をしてきたが，これらの調査に共通する点として，「恋人」の定義がなされていないことがあげられる。このことは調査法上は非常に大きな問題ではあるが，いざ恋人を定義しようとすると，なかなか難しく，恋愛に関する文献・論文でも，「恋人とは何か」を明記しているものは極めて少ない。そこで本節では，親子関係や友人関係，夫婦関係と比較することで，恋愛関係や恋人という存在の特徴や特異性を明らかにする。ここでは，①血縁，②互いの意思，③社会的責任，④関係性

表1-3　4つの観点からみた親子関係・友人関係・夫婦関係・恋愛関係の特徴

	親子関係	友人関係	恋愛関係	夫婦関係
血縁	○	×	× （法的な制限はない）	×
互いの意思	×	△	○	○
社会的責任	○	×	×	○
関係性	（子からみて） 一対一	一対複数	一対一	一対一

（一対一の関係か）の4つの観点で比較をする。これら4つの観点から親子関係，友人関係，夫婦関係，恋愛関係を整理したものが，表1-3である。

▶ 親子関係の特徴

　実の親子関係（生物学的な親子関係）では，①血縁があることは言うまでもない。しかし，②互いの意思については，必ずしも存在するとは言いがたい。親にとっても，子どもが欲しいと思っていた場合もあれば，そう思っていなかったが，妊娠してしまった場合もある。もちろん，「元気でかわいい子どもが欲しい」，「スポーツができる子になって欲しい」と希望や理想をもつことはあるが，恋愛関係や夫婦関係のように，「この子が欲しい」と指名できるはずもなく，生み育ててから，子育てに苦労したり，「生まなければよかった」と後悔することもある。当然，子どもの側にとっては，親を選んで生まれてくることはできないため，生まれ出てきた親との関係に納得しているわけでも，同意しているわけでもない。互いの意思確認などできるはずもないのである。

　それでも，子どもを生んだ以上，親には③社会的責任が生じる。親には子どもが経済的に自立するまでは扶養する義務があり，また，教育を受けさせる義務も生じる。子どもも特に未成年の間は，何をするにも保護者（親）の同意や承諾が必要になり，"子"であることによって社会的な制約が生じるのである。④関係性については，きょうだいがいる場合，親の側からすると，自分という親に対して子どもは複数いるため，一対複数という関係性であるが，子どもの側からすると，自分という"子"に対して（生物学的な）親は父親ひとり，母

親ひとりであるため，一対一の関係性にあるといえる。

▶ **友人関係の特徴**
　友人関係の場合，これら4つの観点による特徴は親子関係とはまったく異なっている。まず，①血縁は，存在しない。血縁がある以上，仲が良くても，それは「きょうだい」や「いとこ」など友人とは異なる名称でよばれることになる。近年，「友だち親子」という言葉も流行しているが，「友だちのように仲が良い親子」という意味であり，友だちではなく，親子である。このように友人というためには，まず血縁関係がないことが，暗黙の前提となっているのである。②互いの意思については，関係開始の時は曖昧である。友人関係は一緒に時間を過ごすなかで自然と形成されていくものであり，「お友だちになってください」のような告白から始まる友人関係は極めて稀である。また，友人関係が解消される場合も，ケンカをして「お前とは絶交だ」と解消を宣言する場合もあるが，多くの場合は，何となく会う機会や連絡をする機会が減っていき，時間が経過するとともに，お互いが友だちであるという意識が低下していく，いわゆる自然消滅というかたちをとる。そうかと思えば，長年会っていなかったり，連絡をとっていなかったりしても，友人という思いをもち続けることもある。

　このように友人関係は始まりも終わりも，互いの意思は非常に曖昧である。それは，③社会的責任がないこととも関わっている。親子関係や夫婦関係であれば，そのような関係になったときにも，その関係を解消する（親子関係の場合は戸籍上解消する）ときにも，公的な届けが必要であり，それによって義務や責任が生じたり，なくなったりする。それだけに，いつその関係が始まり，いつ終わったのかは重要である。しかし，友人関係にはそのような公的な届けもなければ，義務や責任も存在しない。関係を始め維持するのも，解消するのも，お互いの意思によるものであり，その意思表示さえ曖昧である。言い換えれば，友人関係は，互いが「友だちでいたい」という意思をもちつつも，それを積極的に示すことも少なく，時間の経過とともに自然と継続されていく，あ

るいは消滅していく関係であるといえる。

　④関係性は，一対複数が基本である。自分にとって友だちとよべる相手が一人しかいないということも稀であり，自分にとってはそうであっても，友だちの方には自分以外の友だちがたくさんいることは十分あり得ることである。友だちのなかでも特に親しい友だちのことを親友とよび，普通の友だちとは分けて考えられることが多い。望星（2006）は，親友とは「ただ仲良くて親しいというだけでなく，お互いが心を許し，深く理解し合った，かけがえのない存在」であると述べているが，そのような親友も，高校生には平均で3.48人，大学生には3.23人いるとされている（種村・佐藤，2007）。つまり，親友関係でさえも一対一ではないのである。

▶ 夫婦関係の特徴

　世界には，一夫多妻制や一妻多夫制をとっている地域もあるが，日本では一夫一婦制がとられている。また，近親婚も禁じられているため，直系血族または3親等内の傍系血族との間では，法的な夫婦関係をもつことはできない。つまり，①血縁はなく，④関係性は一対一であることが大原則となっている。ちなみに日本国憲法第24条1項では，「婚姻は，両性の合意のみに基いて成立し，夫婦が同等の権利を有することを基本として，相互の協力により，維持されなければならない」と明記されている。「両性の合意」と書かれていることから，少なくとも憲法上は，夫婦関係は異性関係であることが前提とされており，同性婚は想定されていないと考えられている。

　②互いの意思については，繰り返し確認されるという特徴がある。まずプロポーズをすることによって，当事者同士の意思確認が行われ，次に婚約をすることで，両者の家族も含めて結婚することに同意をする。婚姻届を提出する際に，改めて署名・捺印が求められ，結婚式でも，さまざまなかたちで結婚の意思を確認する。このように結婚し，夫婦関係を構築・維持する意思があるかを何度も確認するような関係性は他にはみられず，この点は夫婦関係独自の特徴である。また，夫婦関係の解消，つまり離婚をする際も，離婚届に署名・捺印

し，役所に提出することにより，関係解消の意思確認が行われる。一般に夫婦関係は，婚姻届を提出することによって生じる公的な契約関係であるとされるため，夫婦関係を構築・維持するうえでは，同居・協力・扶助の義務や貞操義務などの③社会的責任が生じる。

▶ 恋愛関係の特徴

　恋愛関係については，婚姻・結婚と異なり，血縁者同士の恋愛関係を制限・規制する法律は存在しないため，血縁者と恋愛関係をもつことは，法的には可能である。しかし，一般に，血縁者と恋愛関係をもつことは，適切ではないとされているため，たいてい①血縁については，ないことが前提として考えられている。また，恋愛関係も夫婦関係同様，告白というかたちで，好意の伝達や交際へのアプローチを行い，それをもう一方が承諾することで，初めて構築される関係であるため，②互いの意思は，その際に確認される。また，友人関係のように，いわゆる自然消滅によって関係が終了することは少なく，たいてい一方から別離の意思が明確に伝えられる。このように互いの意思を確認したうえで，関係の構築・終了がなされる点は夫婦関係と類似しているが，恋愛関係の場合，婚姻届・離婚届に相当するような社会的な手続きは行われないため，公的な契約関係ではない。そのため，③社会的責任や義務は生じない。しかし，④関係性においては，社会的な責任が生じないにもかかわらず，一対一が基本とされており，恋人がいるにもかかわらず，他の異性と交際したり，性的関係をもつことは，非難の対象となる。

　このように，血縁者と恋愛関係をもつべきではない，関係の構築・終了の際にはその意思を伝えるべきである，恋人がいる者は他の異性と交際したり，性的関係をもつべきではないなど，恋愛関係は私的な関係であるにもかかわらず，暗黙のルールを多くの人が共有しており，それによって行動が決められたり，制限されている関係であるといえるのである。

▶ **同性友人・異性友人・恋人の違い**

　心理学の研究において、友人関係を扱う場合、その多くは同性友人のことを指している。それは、異性友人関係と恋愛関係との差異を見出すのが困難であるためとされている（和田，1993）。また、Spranger（1924/1957）や Sullivan（1953）、Blos（1962/1971）などが、児童期後期から思春期、青年期における同性友人の重要性を指摘しているが、異性友人についてはほとんど論じていないことも影響していると考えられる。

　しかし、実際の青年は、同性友人だけではなく、異性友人とも関わっている。都性研（2014）の調査では、中学生の約60%には「異性の友だち」がおり、約20%には「親しい異性の友だち」がいることが明らかにされている。また、日本性教育協会（2013）によると、男子において異性友人がいる者（「たくさんいる」＋「数人いる」＋「ひとりいる」）は、中学生で71.0%、高校生で69.1%、大学生で79.5%おり、女子では、中学生で79.1%、高校生で76.1%、大学生で76.6%いることが示されている。さらに、石川（1986）は、大学生男子の56.7%、女子の67.5%が、異性の友人との間に友情は成立すると考えており、大学生男子の85.4%、女子の92.2%が異性の友人は必要であると回答していることを明らかにしている。マイナビ（2012a, 2012b）の調査でも、男性の47.3%、女性の58.0%が、男女の友情は成立すると回答しており、リクルートブライダル総研（2013）の調査でも、20代男性の41.0%、20代女性の55.3%が男女の友情は「成り立つと思う」と回答している。このように、青年の多くには異性友人がおり、その異性友人との間に友情が成立すると考えている者も半数前後いることが明らかにされている。

　では、同性友人と異性友人、そして恋人に違いはないのかというと、そこには大きな違いが存在する。石川（1986）によると、大学生男子の62.5%、女子の40.3%は、同性友人との友情と異性友人との友情には違いがあると回答しており、大学生男子の60.2%、女子の31.2%は異性友人と接するとき、異性として意識していると回答している。また、谷口・大坊（2005）は、異性友人に対する自己呈示と恋人に対する自己呈示について比較をしている。その結果、女

性は異性友人よりも恋人に対して、「かわいい」のような外見を魅力的にみせたいという動機を強くもっているのに対して、男性は異性友人に対しても恋人に対しても同じくらい外見を魅力的にみせ

図1-12　男女による同性友人・異性友人・恋人の捉え方の差異

たいという動機をもっていることが明らかにされている。髙坂（2010a）は大学生の同性友人、異性友人、恋人に対する期待の差異を検討している。「積極的交流」や「支援」、「信頼・理解」という3つの期待は、男女とも同性友人、異性友人、恋人のいずれに対しても強く期待していた。しかし、「外見的魅力」は、女性は恋人のみに強く期待しているのに対して、男性は恋人だけではなく、異性友人にも強く期待していた。一方、「相互向上」は、女性はいずれに対しても強く期待しているが、男性は同性友人と恋人に対しては期待しているが、異性友人にはそれほど期待していなかった。

　これらからいえることは、異性友人に対する男女の捉え方が異なるということである。男性の方が女性よりも異性友人を"異性"であり、"恋愛対象・恋人候補"として捉えていると考えられる。言い換えると、同性友人、異性友人、恋人という三者に対して、女性は友人であるか恋人であるかという観点で分けているのに対し、男性は同性か異性かという観点で分けているのである（図1-12）。

▶ 恋人と配偶者の違い

　すでに述べたように、恋人（恋愛関係）と配偶者（夫婦関係）の違いは、法的責任が生じる契約関係にあるかどうかである。恋愛関係は私的な口約束であるため、暴力を振るうなどの違法行為をしない限り、たとえ浮気をしたとしても、法的責任が問われることは基本的にはない。それに対して、夫婦関係は社会的・法的な契約関係であるため、さまざまな行動に法的責任や制約が生じる一方、婚姻関係になった方が社会的な信用や評価が高まったり、社会制度・保

障上のメリットが得られたりする場合がある。このような差異があるため，恋愛関係のままでいた方が，法的責任が生じないため楽だと考え，恋愛関係のままい続けるカップルもいれば，結婚した方がメリットが大きいと考え，夫婦関係になるカップルもいる。しかし，特に日本では，未婚のままでい続けることや，未婚で子どもをもつことに対する否定的・批判的な意見はいまだ残っており，社会制度や社会保障も未婚のまま恋愛関係でいるよりも，婚姻関係になった方が有利であったり，メリットが多かったりする。

そして，何より，恋愛の延長線上には結婚があり，人は恋愛し，その相手と結婚するものであるというロマンティック・ラブ・イデオロギー（谷本，2008）とよばれる考え方が深く根づいているため，恋愛関係が継続すれば，いずれはその人と結婚しようと思う者は少なくないのである。

しかし，恋愛関係から夫婦関係への移行は，単純に結婚のメリット・デメリットだけでは考えられない。それは，恋愛関係と夫婦関係の最も大きな違いが，「その人と家族を形成し，長く生活をともにするかどうか」という点に集約されるからである。もちろん実際には短期間で終わってしまう夫婦関係もあるが，少なくとも結婚を決意する時点では，「この人と長く（あるいは死ぬまで）生活をともにする」という意思をもっていなければならないのである。結婚することで，「好きな人といつまでも一緒にいられるなんて幸せ」と思っているのは若いうち（青年期前期頃）までであり，年齢が上がるうちに，徐々に「生活をともにする」ということの重み（重大さ）が明らかとなり，「好きだけでは結婚できない」という現実に直面するようになり，恋愛相手と結婚相手は別であると考える者も出てくるのである。

国立社会保障・人口問題研究所（2012a）は，現在恋人がいる男女に，その恋人との結婚希望を尋ねている（図1-13）。その結果，男性も女性も25歳以上では約75％が，現在交際している恋人と結婚したいと思っていることが示されている。これは言い換えると，約25％は現在の恋人とは，少なくとも現時点では結婚を考えていないということである。また，20〜24歳では，女性は約70％が現在の恋人と結婚したいと思っているが，男性では結婚希望を

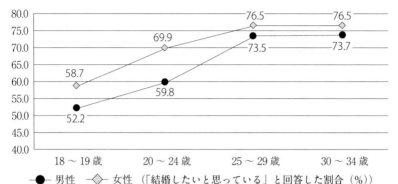

図 1-13　交際相手がいる未婚者の交際相手との結婚希望
（国立社会保障・人口問題研究所（2012a）より作成）

もっているのは約 60% であり，男女で差があることがみてとれる。この調査結果からも，恋人＝結婚相手と単純に考えることができないことがうかがえる。

　では，恋人と結婚相手とでは何が異なるのであろうか。クロス・マーケティング（2015）は 20 代・30 代の未婚者を対象に好みの異性のタイプや重視するポイントについて尋ねている（図 1-14）。その結果，男性も女性も優しさや誠実さを重視している。また，男性では外見（顔・体型）が重視されているのに対し，女性は「ユーモアがある」，「尊敬できる」など人柄が重視されている。「経済力がある」や「金銭感覚があう」などお金に関する項目もあるが，これらは，それほど多くは選ばれていない。つまり，男性は，「かわいくて優しい女性」を，女性は「優しくて，まじめで，ユーモアのある男性」を交際相手として求めていることがわかる。

　一方，国立社会保障・人口問題研究所（2012a）が行った結婚相手の条件に関する調査の結果（図 1-15）をみると，男性では，「人柄」や「家事・育児の能力」，「仕事への理解」，「容姿」などが重視あるいは考慮されているが，「経済力」はこれらに比べるとそれほど重視・考慮されていない。ここから男性は「かわいくて優しく，家事・育児ができる女性」を結婚相手に求めていると考えられる。つまり，男性は理想の交際相手と理想の結婚相手との間に，それほ

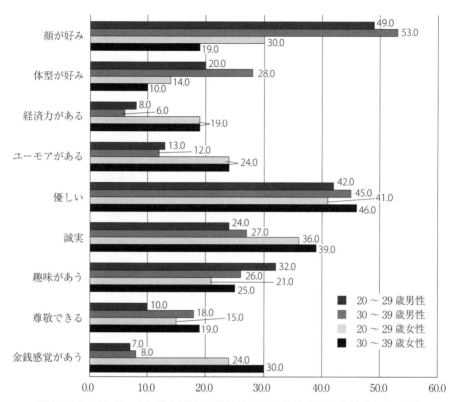

図1-14 20代・30代未婚者の好みのタイプや重視するポイント（%）
（クロス・マーケティング（2015）より作成）

ど大きなズレはないのである。そして，この理想の結婚相手から，男性は女性に家庭に入ってもらいたい（専業主婦になってもらいたい）と考えていることもうかがえるのである。それに対して，女性もやはり「人柄」を重視する傾向は男性と，また理想の交際相手と変わらないが，加えて，「家事・育児の能力」，「仕事への理解」，そして「経済力」が重視・考慮されている。つまり，女性は，交際相手には「人柄」だけを求めているが，結婚相手となったときには，ある程度お金を稼ぐことができ，家事や育児もでき，自分（女性）の仕事に対しても理解のある男性を求めていることがわかる。ここには，女性には専

業主婦になってもらいたいと思っている男性と，男性も女性も働き，家事・育児も分担する共働きを望む女性とのズレが明確に示されている。この志向性のズレが，先述の現在の恋人との結婚意欲のズレにも関わっていると考えられる。

　経済力や年収は，結婚の成否に関わる重要な要因として指摘されている（門倉，2009）。oricon（2007）が20代・30代の未婚女性を対象に行った結婚相手に求める理想希望年収では，「500万～700万円未満」が最も多く，「700万～900万円未満」が続いていた（表1-4）。また，最低必要希望年収でも「500万～700万円未満」が最も多く，次いで「300万～500万円未満」が多くなっている。実際に結婚した人の年収をみても（図1-16），女性が6年間で結婚した割合を年収ごとにまとめてみると，「100万円未満」から徐々に結婚した割合は増加するが，「200万円以上300万円未満」からは，その伸び率が鈍くなる。それに対し，男性は「100万円未満」から結婚した割合は上昇し続け，「400万円以上500万円未満」では39.8%になっている。その割合は，「100万円未満」の3倍強，「100万円以上200万円未満」の2倍強に達している（厚生労働省，2012）。つまり，女性は正規雇用であれば，その年収にかかわらず結婚する割合は変わらず，年収が「100万円未満」であっても，男性の約2倍は結婚できているのであり，女性にとって年収は結婚の障がいにはなっていないと考えられる。それに対し，男性は正規雇用はもちろん，年収が多ければ多いほど結婚する割合（つまり結婚できる可能性）は高くなる。女性の理想希望年収や最低必要希望年収などを考慮すると，男性の結婚には「400万円の壁」あるいは「500万の壁」が存在するのである。

　この「400万の壁」や「500万の壁」は決して低いものではない。DODA（2015）による年代別平均年収をみると（図1-17），男性で平均年収が400万円に到達するのは28歳，500万円は35歳にならなければ届かない。しかも，年収の分布は決して正規分布ではなく，多くの低所得者と少数の高額所得者によって構成されているため，28歳になっても年収400万円に達しない男性は5割程度いる（DODA，2014）。20代男性にとって「400万の壁」，「500万の壁」は非常に高いものなのである。

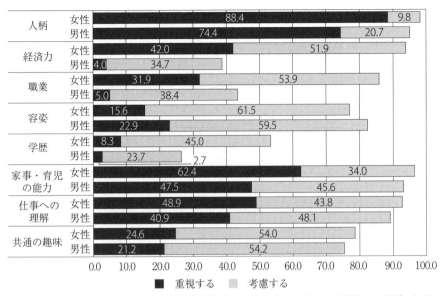

図1-15　18〜34歳未婚者が結婚相手の条件として考慮・重視する割合（%）
（国立社会保障・人口問題研究所（2012a）より作成）

表1-4　20代・30代未婚女性が結婚相手に求める最低希望年収・理想希望年収

		20代	30代
最低必要希望年収	300万円未満	5.2%	1.9%
	300万円〜500万円未満	34.3%	36.4%
	500万円〜700万円未満	36.6%	42.1%
	700万円〜900万円未満	12.7%	12.1%
	900万円〜1000万円未満	—	—
	1000万円〜1200万円未満	5.2%	5.6%
理想希望年収	300万円未満	—	—
	300万円〜500万円未満	16.4%	16.8%
	500万円〜700万円未満	27.6%	32.7%
	700万円〜900万円未満	21.6%	22.4%
	900万円〜1000万円未満	9.7%	9.3%
	1000万円〜1200万円未満	14.2%	12.1%

注．「—」は未発表　　　　　　　　　　　　（oricon（2007）より作成）

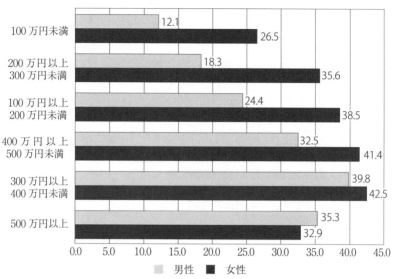

図1-16 所得額階級別の6年間での結婚した割合（%）
（厚生労働省（2012）より作成）

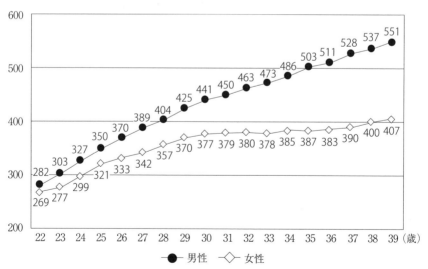

図1-17 22歳から39歳までの男女別平均年収（万円）
（DODA（2015）より作成）

このように男性は，理想の交際相手も理想の結婚相手も類似しており，ある意味では純朴に，交際している女性とそのまま結婚し，女性には専業主婦になって，家庭を守ってもらいたいと思い描いている。それに対し，女性は理想の交際相手については，人柄だけを重視しているが，いざ結婚相手となると経済力・年収の比重が一気に増し，自分の働き方や妊娠・出産のタイミング，妊娠・出産・育児の際の収入や分担可能性などを，かなり現実的・具体的に考えているのである。

3 恋愛・恋人の重要性

これまで青年期における異性への興味・関心の高まりや，恋愛関係の特異性について論じてきた。恋愛は青年のみならず多くの人が関心をもっており，恋人がいるか（できたか）どうかは，よくされる質問でもある。現在の流行歌の9割以上が恋愛に関するものであり（森永, 1997），月刊少女漫画も66.9%は恋愛に関わる内容である（雲野, 1996）。また，第一学習社（1991）によると，高校生の50.3%は，恋愛をこの世で一番大切なものとして捉えており，オーエムジー（1999）が2000年の新成人を対象に行った調査では，「今興味のあること，力を注いでいること」として，恋愛が最も多く選択されている（全体51.5%，男子47.5%，女子55.5%）。ちなみに，2007年の新成人を対象に行った調査（オーエムジー, 2006）では，「恋愛・交際相手」を興味あることとして選択した割合は，「仕事・アルバイト」や「お金」より低く，5位であったが，その選択率は56.0%（男子47.7%，女子64.0%）と，2000年の新成人同様，およそ半数が恋愛に興味をもっていることが明らかにされている。このように恋愛は青年を中心に，興味や関心をもたれており，高い価値が置かれている。

では，なぜ恋愛や恋人に価値が置かれ，重要視されるのだろうか。多様な説明が可能であると思われるが，何点かあげてみたい。

▶ 生物的な重要性

　人間は生物である。生物の生きる目的は，種の保存や繁栄，つまり生殖であるといえる。人間が生物である以上，人間にもこのことは当てはまり，いかに異性と性交をし，自分の子どもを残すかが，生物としての課題となってくる。

　少なくとも現在の日本では，そのような生殖行動は夫婦関係にある者たちが行い，その結果生まれた子どもは，夫婦，あるいは祖父母などを含めた家族で養育することが推奨されている。もちろん，結婚していない相手と性交を行い，子どもができる場合もあるが，そのような場合の相手というのも，たいていは恋人であり，不特定多数の，しかも関係性のほとんどないような相手との間で性交し，子どもをもうけるということは，一般的ではないといえる。

　恋愛関係や夫婦関係における性交が必ずしも生殖を目的としているわけではないが，生物としての最優先課題である生殖を行おうとする場合，現在の日本では，夫婦関係になるか，少なくとも恋愛関係になる必要がある。かつては積極的に恋愛をしなくても，ある程度の年齢になると，どこからともなくお見合い話が舞い込んできて，そのお見合い相手と結婚することが多かった。しかし，徐々にお見合い結婚が減少し，恋愛結婚が増え，現在では，結婚における恋愛結婚の割合は約90%となっている（国立社会保障・人口問題研究所，2012b；図1-18）。平成25年度厚生労働白書においても，「異性との交際は結婚相手の候補者を得る前提となっている」と述べられている。もちろん先ほど述べたように，恋人と結婚相手との違いは，特に女性において相手（男性）の経済力・年収が重みを増してくるため，イコール関係にあるとはいえないが，このように現代の日本では，結婚し，子どもをもうけるには，何よりも恋人をつくらなければならないといえる状況になっているのである。

　生物としての目的・課題から考えると，恋人は将来の配偶者となり，生殖を行う相手である。そのため，恋人探しは，生物的あるいは能力的により良い条件の生殖相手を選択する行為であるといえる。

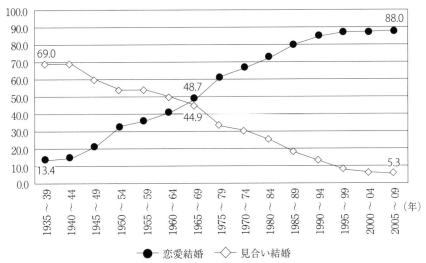

図1-18　結婚年別にみた恋愛結婚・見合い結婚構成の推移（％）
（国立社会保障・人口問題研究所（2012b）より作成）

▶ 心理的な重要性

　青年にとって恋愛は重大な関心事のひとつである。現代において，それは前述のような生殖する相手を探すという生物的な意味での重大さというよりも，精神的健康や心理的発達など，もっと心理的な意味をもつと考えられる。他者との親密で良好な関係を構築し，維持すること，あるいはそうすることができる特性を有することは，人の発達や適応を論じるうえで重要視されており，乳幼児期では両親との関係，児童期では同性友人との良好な関係が重視されており，青年期以降は異性との関係が重視されている。たとえば，Havighurst（1953/1958）は青年期の発達課題（developmental task）のひとつとして「結婚と家庭生活の準備」をあげ，壮年初期の発達課題には，「配偶者の選択」，「結婚相手との生活の学習」，「家庭生活の出発（第一子をもうけること）」などをあげている。また，Erikson（1959/2011）は，成人期初期の発達主題（developmental theme）を「親密性 対 孤立」とし，「適切なアイデンティティの感覚が確立されて初めて，異性との本当の親密さが（正確には，あらゆ

る他人との親密さ，さらには自分自身との親密さが）可能になる」と述べている。このように，恋人や配偶者ができて一人前と評価する風潮は，現在でも残っていると考えられる。

　実際，恋愛関係をもつことによる青年の精神的健康や心理的発達へのポジティブな影響・効果に関する知見は多くみられる。それは，「ひとりの異性から，『あなたと結婚したい』と言われるほどに，青年のアイデンティティを強めるコトバは考えられない。どんな劣等感も自己嫌悪感も，この一言で消散してしまう」（西平，1990）という言葉が如実に表している。たとえば，Dietch（1978）は，過去3年の間に恋愛関係をもったことがある者の方がない者よりも自己実現の程度が高いことを示している。また，神薗・黒川・坂田（1996）は恋愛関係にある者の方がない者に比べ自尊心や充実感が高く，抑うつの程度が低いことを明らかにしており，Aron, Paris, & Aron（1995）は，恋愛開始前よりも恋愛開始後の方が自己概念が多様化し，自己効力感や自尊心が増加することを明らかにしている。髙坂（2009, 2010b）は青年が恋愛関係をもつことによる影響として，「自己拡大」や「充足感」を見出している。多川（2003）は恋人がいる大学生を対象にインタビュー調査を行い，大学生が恋愛関係をもつことによって，「本音を率直に語る」，「相手に配慮して行動する」のような対人関係観だけでなく，精神的に安定し，余裕がもて，明るく前向きになり，勉強などに対する意欲も出るようになったなどの影響・効果を見出している。

　2次性徴などの身体的変化によって，児童期から青年期に入り，自己の存在意義や価値，将来について模索し，アイデンティティを確立しようとするなかで，恋人の存在は，精神的な拠り所となり，自己の存在意義や価値などを確認するものになるといえる。

　ただし，青年にとって恋愛関係は必ずしもポジティブな影響・効果だけをもつものではなく，恋人との深い関わりをもつことで，かえって精神的に不健康になる場合もあり（Joyner & Udry, 2000），また失恋をすれば，傷ついたり落ち込んだりもする。髙坂（2009, 2010b）も，青年が恋愛関係をもつことによって，「生活習慣の乱れ」，「経済的負担」，「他者交流の制限」，「関係不安」

が生じることを明らかにしている。さらに，デートDVやストーカーのような問題行動によって，大きな事件に発展することもある。アイデンティティが未確立ななか，異性と深い関わりを心理的にも身体的にももとうとするため，恋愛関係は，ポジティブにもネガティブにも，青年にとって強い影響力をもっているといえるのである。

▶ 社会・文化的な重要性

　現在の日本では，マンガ・アニメ，映画，テレビドラマ，雑誌，流行歌などのなかに，恋愛の要素が入っていないものを見出すのは難しい。それらが特に若者・青年をメインターゲットとしているものであるならばなおさらで，刑事ドラマや裁判ドラマ，医療ドラマであるにもかかわらず，恋愛の要素が見え隠れするものも少なくない。ファッション雑誌でも，恋愛に関する特集が組まれ，モテるファッションが紹介されている。このように，何を見ても恋愛が扱われており，日本は恋愛という現象や，"恋人がいる"という状態に高い価値を置いているといえる。そのような現状を，「"恋愛せざるもの人にあらず"といった，ある種苛烈な状況」（赤川，2002）や「一億総恋愛願望時代」（梅原・岸田・島森・森・残間，1992）などと表現する者もいる。

　しかし，日本が昔から恋愛に高い価値を置いていたわけではない。「恋愛」という言葉自体，明治時代にLOVEの訳語としてつくられたものであり，近代社会以前は「恋愛」とラベルする解釈枠組みは存在しなかったのである（山田，2002）。しかし，恋愛はすでにある漢字の組み合わせながらも新鮮で，伝統文化と西洋文明のはざまで右往左往することを強いられた明治期の人々の感性にフィットしたようで，明治20年代には流行語となり，急速に一般化した（加藤，2004）。なかには，「恋愛は人生の秘鑰なり，恋愛ありて後人生あり」と書いた北村透谷のような恋愛至上主義を掲げる者も出るようになった。また，結婚が家と家との結びつきから，個人と個人の結びつきへと，その重点が移行するなか，個人と個人の一対一の関係である恋愛はより一層価値を置かれるようになっていった。

このように社会的・文化的に恋愛に高い価値が置かれているため，青年が恋愛に駆り立てられるのも仕方がないといえる。日本性教育協会（2013）によると，恋人のいない大学生のうち，恋人を欲しいと思っている者は男子で66.8％，女子で60.4％になり，恋人がいる者を含めると，大学生男女の75％以上が，恋人がいるか，恋人はいないが欲しいと思っている。

　すでに述べたように，恋愛関係をもつことは，青年個人の精神的健康や心理的発達に影響を及ぼすが，個人内だけではなく，青年の周囲への印象や周囲からの見られ方にも影響を及ぼす。髙坂（2009, 2010b）は，大学生が恋愛関係をもつことによる影響のひとつとして，「他者評価の上昇」を見出している。また，若尾（2003）は，多くの若者が，恋人がいる者を「魅力的」，「やさしい」，「積極的」のようなポジティブな特性をもっていると評価する一方，恋人がいないものに対しては「内向的・暗い」，「人見知り・話し下手」のようなネガティブな特性をもっていると評価する傾向があることを明らかにし，これを恋愛ポジティブ幻想と名付けている。現代青年において恋人がいる者は3～4人に1人であり，青年全体からみると少数派である。しかし，恋愛や恋人が青年や社会から価値を置かれているため，恋人がいる青年はむしろ希少価値のある存在としてみられる。また，恋人がいるということにより，その人には恋人がその人を好きになる何らかの特性や魅力をもっていると推測されることも，恋愛ポジティブ幻想が生じる要因であると考えられる。恋愛ポジティブ幻想は恋人がいる者に対して向けられる幻想であるが，恋人がいる者にとっては，そのような幻想を向けられる，つまり，周囲から実際よりもより良く評価を得られることになる。それに対して，恋人がいない者はネガティブな特性をもっていると評価されるため，異性とのつきあいが苦手であることは，劣等感の一要因になることも示されている（髙坂, 2008）。

　また，青年期には，友人と同じ・一緒でありたいという同調欲求が生じる。オーエムジー（2006）の調査では，交際相手が欲しい理由として，「いないと格好悪い」（11.0％），「周りの友人と話が合わない」（3.6％）など，わずかではあるが，友人など周囲との差異や周囲からの見られ方を気にする様子がうかが

える。また，性行動に関する研究であるが，片瀬（2001）は日本性教育協会の調査をもとに，友人関係を「楽しい」と回答した者ほど性行動経験率が高いことを示しており，五十嵐・庄司（2004）では，友人との心理的距離が近いほど，性交動機として「焦燥感」（「自分だけしていなくて恥ずかしい」など）をもっていることが明らかにされている。つまり，友人との関係が親密であるほど，その友人関係が同調圧力として機能し，青年を恋愛に駆り立てていると考えられる。

　このように日本の社会・文化が恋愛の価値を高めるなか，「みんな恋愛するのが人間として当然のことであり，それをしたことがなければ人生の楽しみや味わいの大半を失うことになる」という暗黙の圧力（小谷野, 1999）が生じていると考えられる。そして，青年はそのような圧力のなか，友人と同じであるため，ネガティブな評価を避けるため，恋愛を求めているという側面もあるのである。

コラム1
恋愛を研究するのは大変!?

　恋愛に関する研究をしたいと思う大学生は結構多いです。ですが，実際に研究しようとすると，なかなか大変なものがあります。もちろん研究というものはどのようなテーマであっても難しいのは当然ですが，恋愛研究には特有の大変さがあります。そのひとつが，分析対象者の確保です。

　第1章で紹介したように，大学生であれば，恋人がいる者が約3割，恋人がいない者が約5割，恋人を欲しいと思っていない者が約2割です。大学生を対象とした質問紙調査は，講義時間の一部を使って集団で行う場合が多いです。Leeのラブ・スタイルやアダルト・アタッチメント（第2章参照）のように，恋人がいるかいないかにかかわらず尋ねられる内容であれば，すべての調査対象者を分析対象者にすることができます。しかし，実際に交際中の感情や行動について尋ねたいと思えば，分析対象者は恋人がいる者だけ，つまり調査対象者の3割しか分析対象者にすることができません。言い換えれば，恋人のいない7割の調査対象者は，分析する時には除外しなければならならず，非常に効率が悪いのです。そのため，大学院生や学部生が行う調査や，時には学会誌に掲載されるような論文においても，現在恋人がいる者だけでなく，以前恋人がいた者も対象にして，恋人がいた当時を思い出して回答してもらうことがあります。しかし，現在進行形の恋愛に対する回答と，すでに終わってしまった恋愛に対する回答では，得られるデータの性質が異なっている可能性があるため，そのような方法は安易に採用すべきではないと思います。

　それでも大学生はまだ調査がしやすい方です。比較的恋人がいる者が多い年代ですし，担当教員にお願いすれば，講義時間中に集団で調査をすることができます。しかし，中学生や高校生を対象に調査をするとなると，中学校や高校に許可を得なければなりませんが，学校にとってメリットの少ない恋愛に関する調査はなかなか引き受けてもらえません。また，成人・社会人になると，職業・雇用形態などにばらつきが生じ，集団で調査を実施することも難しくなり

ます。

　最近では，Web 調査も一般的に用いられるようになってきています。Web 調査の最大のメリットのひとつは，調査対象者を事前にスクリーニングできるところです。つまり，恋人がいる者だけを対象に調査を実施することができるため，とても効率的です。一方で，決して費用が安くはないので，大学院生や学部生が気軽に実施することはできないのが実情でもあります。

　さらに，近年，恋愛研究では，恋愛関係にある2名のうち一方だけを調査して得られる知見には限界があることが示されており，カップルを対象とした調査が積極的に行われています（金政，2009；浅野，2011；第5章参照）。カップルデータを分析する方法も確立され，ますますカップルを対象とした研究が求められますが，恋人がいる者を集めるだけでも大変なのに，カップルとなるとなおさら難しくなります。Web 調査を用いてもカップルデータを収集することはできません。そのため，それなりの数のカップルデータを集めるためには，大量に質問紙を配布し，地道に数を集め，謝礼を渡すなど，時間的にも労力的にも費用的にも負担がかかるのです。

　どの程度分析対象者を集めなければならないかは，捉えようとする現象やテーマによってきますが，因子分析や相関分析を行うならば，分析対象者（つまり恋人がいる者）は 100 名は超えたいところです。また，男女の比較や，愛着スタイルのように対象者をいくつかのタイプに分類して比較をするのであれば，さらに人数が必要となります。要因が複雑になればなるほど，求められる分析対象者の数は増えていくのです。

　恋人の有無は，調査をする側がコントロールすることができないものなので，結局は数多く質問紙を配布する以外，なかなか良い方法がありません。この対象者の確保の大変さが，恋愛を研究しようという意欲を削いでいる要因のひとつであるといえるのです。

第2章

恋愛に関する心理学的研究

　心理学において，恋愛のプロセスや恋愛中の心理状態に関する研究は，主に社会心理学と青年心理学で行われている。しかし，同じ恋愛という現象を扱っているにもかかわらず，社会心理学と青年心理学との相互交流はあまり行われていない（松井，1990）。本章では，社会心理学と青年心理学における恋愛研究の代表的な知見・理論を紹介し，その意義や問題点について論じていきたい。

1　社会心理学における恋愛研究

　松井（1998）は，社会心理学における恋愛研究を「恋愛に対する態度や認知」，「異性選択と社会的交換」，「恋愛感情と意識」，「恋愛の進行と崩壊」の4つの分野に分けている。本節では，研究が比較的活発に行われていたり，恋愛に関するテキストなどで頻繁に掲載されるものとして，「恋愛に対する態度や認知」に関する研究のなかから愛情の色彩理論とアダルト・アタッチメント理論，「恋愛感情と意識」に関する研究のなかから愛情の三角理論，「恋愛の進展と崩壊」に関する研究のなかから恋愛行動の5段階説，という4つについて，関連する研究と合わせて紹介する。

▶ 愛情の色彩理論

　恋愛にどのようなイメージをもち，また恋愛に何を求めるのかは人それぞれ

であるが，そのような恋愛に対する態度を体系的に分類したものが，Lee の愛情の色彩理論（The colours of love）である。

　Lee（1973, 1977）は，恋愛に関連する多数の文献，哲学書，歴史書，小説などから，4000 以上もの記述を収集し，また，ラブ・ストーリー・カード分類法とよばれる方法を用いて数多くの面接調査を行い，恋愛に対する態度（ラブ・スタイル）を 6 つに分類している。Lee はこの 6 つのラブ・スタイルを，それぞれの関連性をもとに，円形に配置している（図 2-1）。この配置図が色相環と類似していることから，Lee はラブ・スタイルに関わる自身の理論を「愛情の色彩理論」とよんでいる。

　6 つのラブ・スタイルのうち，エロス（美への愛；Eros），ストルゲ（友愛的な愛；Storge），ルダス（遊びの愛；Ludus）の 3 つが，愛情の基本類型であり，これら基本類型の 3 つの混合型として，アガペ（愛他的な愛；Agape），マニア（熱狂的な愛；Mania），プラグマ（実利的な愛；Pragma）の 3 つがあるとされている（それぞれの特徴を表 2-1 に示す）。

　Lee の愛情の色彩理論は，Hendrick & Hendrick（1986, 1990）が愛態度尺度（Love Attitude Scale；短縮版として Hendrick, Hendrick, & Dicke（1998）がある）を開発して以来，実証的研究が活発に行われてきた。たとえば，Hendrick & Hendrick（1988）では，男性はルダス的であり，女性はストルゲ的，プラグマ的，マニア的であることが明らかにされており，White, Hendrick, & Hendrick（2004）はラブ・スタイルとパーソナリティ（Big Five）との関連を検討し，エロスは調和性，誠実性，外向性と正の相関があり，情緒不安定性とは負の相関があるなどの関連性を見出している。また，Hendrick, Hendrick, & Adler（1988）は，57 組の大学生カッ

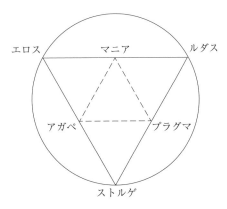

図 2-1　Lee（1973）の愛の類型図

表2-1 6つのラブ・スタイルの特徴

ラブ・スタイル	説明
エロス （美への愛）	恋愛を最も重要なものと考えており，ロマンティックな考えや行動をとる。相手の外見を重視し，身体的特徴に関して明確な好みがあるため，強烈な一目ぼれを起こしやすい。
ストルゲ （友愛的な愛）	穏やかで，友情に近い愛であり，相手の外見に対する理想をあまりもっておらず，考え方や価値観が似ていたり，信頼できるかどうかを重視している。長い時間をかけて，知らず知らずのうちに愛が生まれるという考えをもっている。
ルダス （遊びの愛）	恋愛をゲームとして捉えており，恋愛をとおして楽しむことを第一に考えている。好みのタイプなどはなく，複数と同時に恋愛することもできる。相手に執着せず，執着されるのも嫌うため，相手と距離をとったつきあい方をする。
マニア （熱狂的な愛）	独占欲が強く，些細なことで嫉妬や執着，疑い，悲哀を感じる。相手に対しても関係へのコミットメントを強要し，なかなか関係を安定させることができない。
アガペ （愛他的な愛）	相手の利益だけを考え，自分を犠牲にしても，相手に対して献身的に尽くす。見返りを求めることはなく，相手の幸せを強く願う。
プラグマ （実利的な愛）	恋愛を地位の上昇などの手段として考えており，そのため，相手を選択する時には，社会的な地位や経済力など，多くの基準をもち，それが自分に満足感や報酬を与えるかを考える。

（Hendrick et al.（1988）より作成）

プルを対象に春と秋の2回調査を実施している。その結果，男女ともにエロスであったカップルは関係満足感を増加させ，両者ともルダスであったカップルは関係満足感を減少させることを明らかにしている。また，交際が継続していたカップルは，別れたカップルよりも，パートナー同士がエロス，ストルゲ，マニア，アガペについて類似していたことが示されている。

日本では，松井・木賊・立澤・大久保・大前・岡村・米田（1990）が，Hendrick & Hendrick（1986）の愛態度尺度を邦訳したLee's Type Scale 2nd version（LETS-2）を作成しており，LETS-2を用いた調査研究が活発に行われる。しかし，そこで得られた結果は，必ずしも欧米での調査結果やLeeの理論と合致していない。たとえば，男女差について，松井ほか（1990）では，男性は女性よりもアガペ得点が高く，女性は男性よりもルダス得点やプラグマ得点が高いことが明らかにされており，金政・谷口・石盛・岸本・大坊

(2001) でも，男性はアガペ得点が，女性はルダス得点が高いことが示されている。これらの結果から，欧米に比べ，日本の男性は愛他的で，女性の方が恋愛を楽しんでいる傾向があると考えられる。

また，笠原 (2003) は，日本の大学生を対象にラブ・スタイルとパーソナリティとの関連を検討しているが，これらの間にはほとんど関連はみられないとしている。松井 (1993a) は，ラブ・スタイルの6つの類型の相互関係に関して検討したところ，Lee が想定したような円環状ではなく，マニアとアガペとエロスがひとつにまとまり，ストルゲ，ルダス，プラグマがそれぞれ独立した頂点をなす三角錐構造であることを明らかにしている。栗林 (2006) が交際中の大学生ペアを対象に実施した調査においても，マニアとアガペとエロスがひとつにまとまることが見出されている。

さらに，栗林 (2006) では，ラブ・スタイル6得点の平均値に基づいて，カップルを，男女とも得点の高い群，男性のみ高い群，女性のみ高い群，男女とも低い群の4群に分類し，4群間での相性得点の比較を行っている。その結果，男女とも同じ類型が高い群が他の群よりも相性が良く，対極的な類型が高い群で相性が悪いというような Lee が仮定していた結果は得られなかった。

このように，Lee の愛情の色彩理論に基づいて行われた実証研究では，類型間の相互関係や性差，相性などに関して，Lee の仮定と一致しなかったり，日本での結果と欧米での結果が異なっていたりしている。愛情の色彩理論がもともと Lee の思索に大きくよっているためであるともいえるが，今後，さらなる知見の蓄積が求められるとともに，Lee の仮説について検証と修正が必要になると考えられる。

▶ アダルト・アタッチメント理論

アダルト・アタッチメント理論は，Hazan & Shaver (1987) によって提唱された理論であり，Bowlby (1977) のアタッチメント理論に基づいている。アタッチメントとは「ある特定の他者に対して強い心理的な結びつき（絆）を形成する人間の傾向」(Bowlby, 1977) と定義され，主に乳幼児期の子と養育

者(親)との関係に焦点が当てられた概念である。Bowlby (1977) は，乳幼児期の子と養育者との間の心理的な結びつきを重視し，アタッチメントが築かれた親との長期的な相互作用によって，子の社会的・感情的な発達が促されるとしている。また，Bowlby (1977) は，アタッチメントは乳幼児期において最も重要な意味をもつものの，生涯を通じて，人の発達や対人関係に影響を及ぼすとしている。

このようなBowlbyのアタッチメント理論をもとに，Hazan & Shaver (1987) は，アタッチメントの対象が，乳幼児期は養育者であったものが，青年期・成人期では恋人や配偶者に移行し，恋愛関係や夫婦関係において，アタッチメントが形成されると考え，アダルト・アタッチメント理論を提唱した。また，Bartholomew & Horowitz (1991) は，Hazan & Shaverのアダルト・アタッチメント理論について，青年期・成人期におけるアタッチメントの形成の仕方は，それまでの子-養育者間でのアタッチメント関係の影響を，内的作業モデル (Internal Working Model) を介して受けることにより，個人差が生じるとしている。内的作業モデルとは，自己および他者への信念や期待であり，自己モデルと他者モデルに大別される。自己モデルは，自己に対する信念や期待であり，対人関係における過度な親密さの希求や相手から見捨てられることへの不安の経験のしやすさを意味する「関係不安(見捨てられ不安)」として表出される。一方，他者モデルは他者に対する信念や期待であり，対人関係における親密さからの回避や他者への信頼感の欠如を意味する「親密性回避」として表出される。そして，関係不安と親密性回避は，アダルト・アタッチメントの2次元として機能し，これらの高低で分割し，組み合わせることで，アタッチメントの個人差は4つに分類される(図2-2)。このアタッチメントの個人差は「アタッチメント・スタイル」とよばれ，アタッチメント・スタイルが，青年期・成人期のアタッチメントの形成の仕方，つまりは恋愛関係や夫婦関係のあり方に影響を及ぼすとされている。

アタッチメント・スタイルの測定には，Ainsworth, Blehar, Waters, & Wall (1978) がストレンジ・シチュエーション法 (Strange Situation Procedure)

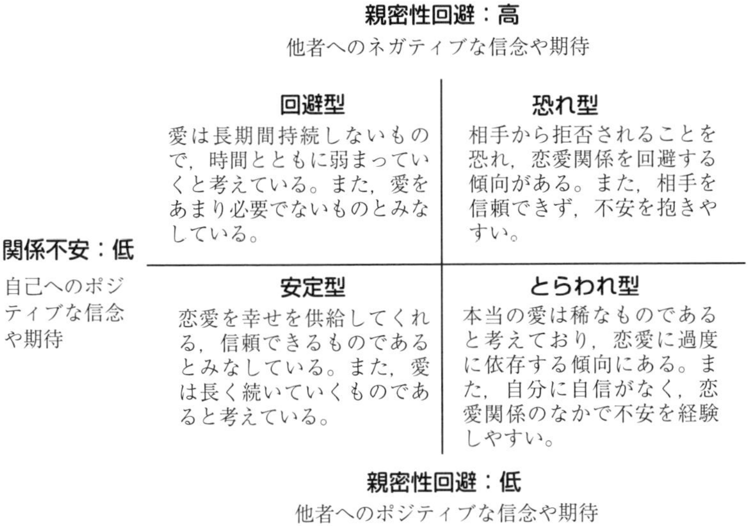

親密性回避：高
他者へのネガティブな信念や期待

	回避型	恐れ型	
関係不安：低 自己へのポジティブな信念や期待	愛は長期間持続しないもので，時間とともに弱まっていくと考えている。また，愛をあまり必要でないものとみなしている。	相手から拒否されることを恐れ，恋愛関係を回避する傾向がある。また，相手を信頼できず，不安を抱きやすい。	**関係不安：高** 自己へのネガティブな信念や期待
	安定型	**とらわれ型**	
	恋愛を幸せを供給してくれる，信頼できるものであるとみなしている。また，愛は長く続いていくものであると考えている。	本当の愛は稀なものであると考えており，恋愛に過度に依存する傾向にある。また，自分に自信がなく，恋愛関係のなかで不安を経験しやすい。	

親密性回避：低
他者へのポジティブな信念や期待

図2-2 青年・成人期の4つのアタッチメント・スタイルにおける恋愛関係の特徴
(Bartholomew & Horowitz (1991) より作成)

という実験的観察技法から見出した3つのアタッチメント・スタイル（安定型，アンビバレント型，回避型）の記述をもとに，Hazan & Shaver (1987) が成人期のアタッチメント・スタイルを同定するために作成したAdult Attachment Scaleがある。Adult Attachment Scaleは安定型，アンビバレント型，回避型に対応する文章があり，回答者に自分の恋愛に対する態度に最も近い文章をひとつ選ばせる強制選択式の尺度である。Hazan & Shaver (1987) は，Adult Attachment Scaleを用いて，アタッチメント・スタイルによって幼児期の家族関係，両親にもつイメージ，これまでの恋愛経験に違いがあることを明らかにしており，アダルト・アタッチメント理論の妥当性を示している。日本では，詫摩・戸田 (1988) や戸田 (1988) が，Adult Attachment Scaleの文章を細分化して項目にし，リッカート法で評定する愛着スタイル尺度を作成している。詫摩・戸田 (1988) は，日本の大学生を対象として愛着スタイル尺度を用いて調査をし，Hazan & Shaver (1987) とほぼ同様の結果を得ている。

また，金政・大坊（2003a）では，アタッチメント・スタイルと恋愛イメージとの関連を検討し，安定型傾向はポジティブな恋愛イメージと正の相関を示す一方，回避型傾向はネガティブな恋愛イメージと正の相関を示し，アンビバレント型傾向は「独占・束縛」と正の相関を示すことが明らかにされている。
　一方，近年では，Bartholomew & Horowitz（1991）が提唱した2次元（関係不安，親密性回避）とそれによる4類型をもとにアタッチメント・スタイルの個人差を測定・把握する尺度である Experience in Close Relationships inventory（ECR）が Brennan, Clark, & Shaver（1998）によって作成されている。日本でも，中尾・加藤（2004）が作成した一般他者版 ECR を用いた研究が多くみられ，日本における青年期・成人期のアタッチメント・スタイルに関する知見が蓄積されている。たとえば，中尾・加藤（2004）は関係不安も親密性回避も自尊感情と負の相関を示すことを明らかにし，中尾・加藤（2006）では，関係不安が高いほど間接的愛着行動（すねた伝達，他者への懸念）を行い，親密性回避が高いほど直接的愛着行動（近接性維持，素直な伝達）を行わないことが明らかにされている。また，金政（2007）は，大学生とその母親とのペア調査から，子ども（大学生）の関係不安や親密性回避と母親の関係不安や親密性回避はそれぞれ関連しており，母親の関係不安は過保護な養育態度となり，子ども（大学生）の関係不安を高めるという世代間伝達のプロセスも明らかにしている。アタッチメント・スタイルの安定性・変化に関する研究として，内田（2014）は，大学生を対象とした回顧法による調査によって，児童期（小学校低学年を想定）の関係不安や親密性回避と現在（青年期）の関係不安や親密性回避にはそれぞれ関連がみられるが，類型で検討すると，約半数のアタッチメント・スタイルが児童期から青年期にかけて変化していることを明らかにしている。
　恋愛関係に関する研究では，金政（2005）は，関係不安も親密性回避も愛することへの欲求とは負の相関を示す一方，愛されることへの欲求とは関係不安は正の相関を，親密性回避は負の相関を示すことを明らかにしている。また，片岡・園田（2008）は，とらわれ型が最も恋愛に依存的であり，拒絶型は恋愛

に依存しないことを明らかにしている。岡島（2010）は，大学生および専門学校生のカップルを対象に1カ月間のアタッチメント・スタイルの変化について検討し，1カ月間で対象者の25％にアタッチメント・スタイル（安定型か不安定型か）の変化がみられ，特に，アタッチメント・スタイルが不安定型から安定型に変化した者は，恋人からの応答を応答的で，一貫していると認知していることを明らかにしている。さらに，金政（2009）は，大学生カップルを対象とした調査を行い，関係不安は，自身の恋愛関係においてネガティブな感情を生起させ，関係に対する評価を下げるだけでなく，パートナー（恋人）のネガティブ感情を生起させ，パートナーの関係評価も下げることを明らかにしている。つまり，恋愛関係において見捨てられるかもしれないという不安は，自分自身およびパートナーのネガティブな感情を高め，その結果，自分もパートナーも恋愛関係を良いものであると評価しにくくなり，関係の危機を招くという見捨てられる不安の現実化である"悲しき予言の自己成就"が生じることを意味している。しかも，この"悲しき予言の自己成就"は，青年期の恋愛関係だけでなく，大学生とその母親との関係（金政, 2009）や中年期の夫婦関係（金政, 2010）でも生じる一方，青年期の友人関係（金政, 2013）では生じないことが明らかにされている。ここから，青年期の親子関係や恋愛関係，中年期の夫婦関係はアタッチメント関係であるといえるが，青年期の友人関係はアタッチメント関係とはいえないことが示唆されている。

　このようにアタッチメント・スタイルは，個人の精神的健康や適応，恋愛関係を含む幅広い対人関係をも捉えることができる有用性の高い理論であり，近年，研究が盛んに行われている理論でもある。一方，アダルト・アタッチメント理論による恋愛に関する研究では，欧米の研究知見を日本で確認するにとどまっているものが多いのも現状であり（立脇・松井, 2014），日本の恋愛関係の独自性・特殊性を見出すには至っていないといえる。

▶ **愛情の三角理論**

　これまでに紹介したラブ・スタイルやアタッチメント・スタイルは，個人の

恋愛への態度や特性に関する理論であり，これらの理論に基づいて作成された尺度は，特定のパートナーがいなくとも，基本的には回答できるものである。一方，特定のパートナーとの現在の関係について捉えようとした理論に，Sternberg（1986）の愛情の三角理論（Triangular Love Theory）がある。

　Sternberg（1986）は，これまでの愛に関する研究の多くが，親密性に焦点を当ててきたことを指摘したうえで，愛を"親密性（intimacy）"，"情熱（passion）"，"コミットメント（commitment）"の3要素からなる構成概念であることを提唱している。"親密性"とは，親しさや結合，相手とつながっているという感覚であり，相手との感情的な関わりのなかで形成されていくものである。"情熱"は，ロマンス（燃え上がり）や身体的魅力によって引き起こされ，性的な達成を目指した関わりを導く動因である。"コミットメント"は，短期的には，相手を愛する決意であり，長期的には，その関係を維持していこうとする意思を意味している。

　また，Sternberg（1986）は，愛情の三角理論では，これら3つの要素をそれぞれ頂点とする三角形のかたちによって，特定の相手に対する愛情を類型化できるとしている（図2-3）。このとき，三角形の大きさは，愛情の強さを表し，かたちは愛情の類型を表している。

　Sternberg（1986）の愛情の三角理論は，これまでの愛や好意に関するさまざまな理論を包括的に扱うことができ，また愛情の対象を恋愛関係に

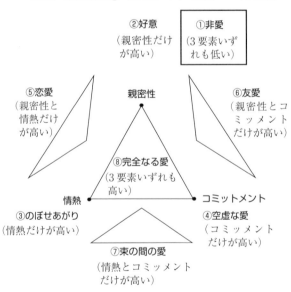

図2-3　愛情の3要素と愛情の8類型
（Sternberg（1986）より作成）

限定していないなどの点で，"その簡潔性，柔軟性の両方において洗練された理論"（Hendrick & Hendrick, 2000）と述べられているように，非常に評価の高い理論である。

愛情の三角理論に基づいた尺度として，Sternberg（1986）が作成し，その後何度か改訂された Triangular Love Scale（TLS；最終版は，Sternberg, 1997）があり，日本では，金政・大坊（2003b）が日本語版 TLS を作成している。Sternberg が作成した尺度については，複数因子に高い負荷量を示す項目の存在や，3要素（因子）間の相関の高さなど，測定上の問題が指摘されている（Acker & Davis, 1992）。日本語版 TLS についても，3要素（因子）間に中程度の相関はみられているが，複数因子に高い負荷量を示す項目はみられておらず，その点は改善されている。

TLS を用いた研究として，Sternberg（1987）では，"最も親しい異性" として思い浮かべた相手による3要素の比較を行い，両親や友だちは，恋人よりも情熱が低いことを明らかにしている。金政・大坊（2003b）でも，同様の検討を行い，恋人は3要素いずれも高く，片思いの相手は情熱だけが高く，異性の友だちは3要素いずれもが低いことが示されている。また，金政・大坊（2003b）では，情熱やコミットメントは，"最も親しい異性" とつきあってからの年月が長くなるほど低下することも示されている。片岡・園田（2011）が恋人がいる大学生を対象に行った調査では，親密性がアイデンティティの「時間的連続性・斉一性」を高め，情熱が「対他的同一性」を高めていることが明らかにされている。

愛情の三角理論は，理論的な評価が高い一方，尺度を用いた実証的な検討はあまり行われていない。それは，3要素の定義が曖昧で，尺度項目と十分対応していない（松井, 1993b），3要素間の相関が高いなど，測定上の問題が解決されていないことに起因している可能性がある。また，愛情の三角理論の最大の特徴である，愛情の対象を恋愛関係に限定していないという点についても，一方では，同一の3要素，同一の尺度項目で，本当に親子関係（回答者が子）やきょうだい関係，青年期の恋愛関係や友人関係，中年期や老年期の夫婦関係

や親子関係（回答者が親）なども説明・測定できるのかという問題が表裏一体として存在する。さらに，Sternberg（1986）が提唱している3要素を頂点とした三角形による類型については，ほとんど検討されておらず，理論的な妥当性には疑問が残されている。

▶ 恋愛行動の5段階説

　恋愛研究に限らず，日本の心理学では，海外の理論や研究を輸入し，日本での検証・確認を行う研究が少なくない。恋愛研究もこれまでみてきたように，ラブ・スタイル（愛情の色彩理論），アタッチメント・スタイル，愛情の三角理論をはじめ，海外の理論や研究に基づくものが多くを占めている。このことは，言い換えれば，日本人が提唱する理論に基づいた研究や，日本人による研究によって構築された理論やモデルがほとんどみられないことを意味している。そのなかで，恋愛関係に関するテキストなどにおいて必ずと言ってよいほど紹介される日本人による研究が，松井（1990, 2000）の恋愛行動の5段階説である。

　松井（1990）は1982年に大学生を対象に行った恋愛行動に関する調査データを分析し，大学生の恋愛行動は，5つの段階に分けられることを明らかにしている（図2-4）。第1段階は，友愛的な会話や内面の開示，プレゼントを贈るなどの行動がみられ，第2段階では，用もないのに電話したり会ったりし，また，手や腕を組むなどの身体接触が行われる。第3段階では，親に紹介したり，キスや抱き合うなどの性的行動がみられる一方，別れたいと思うことも増える。第4段階では，恋人として友人に紹介し，第5段階で，性交が行われるとともに，結婚が具体化していく。松井（1990）は，大学生の恋愛行動は，この5段階の通りにほぼ1次元的に進行・進展していくとしており，1990年代前半の大学生のデータでも，91%の大学生がこの5段階に沿って恋愛行動を進展させていることが明らかにされている（松井, 1993a）。

　しかし，携帯電話の普及や恋愛行動・性行動の低年齢化・活発化など，青年や恋愛・性に関わる状況が変化するなか，恋愛行動も影響を受けざるを得な

第2章　恋愛に関する心理学的研究

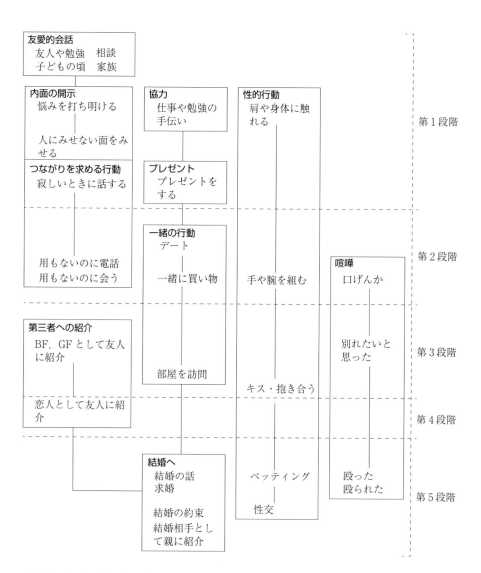

図2-4　恋愛行動の進展に関する5段階説（松井（1993a, 2006）より作成）

い。松井（2000）は，2000年に大学生を対象に松井（1990）と同様の調査を実施し，恋愛行動の時代的変化について検討している。基本的には松井（1990）と同じような5段階一次元性が見出されているが，いくつかの恋愛行動において違いがみられている（図2-5，表2-2）。たとえば，「用もないのに電話」は，1982年調査時に比べ，第1段階に近いところに位置している。これは，携帯電話の普及により，相手の親や家族が出る可能性がある家庭の固定電話ではなく，相手に直接電話をすることが容易になったためであると考えられる。また，「ペッティング」と「性交」の経験率が高くなり，第5段階から第4段階に上がっている。1980年代では，性交は結婚と結びついて考えられていたが，1990年代に入り，性交は結婚よりも恋愛との結びつきが強くなったためであると考えられる。このように恋愛行動を含めた恋愛は，個人の態度や特性のような個人要因だけではなく，時代的・文化的・社会的な影響を受けることを示した点でも，松井（1990, 2000）の恋愛行動の研究は評価できる。

一方，恋愛行動の研究にも問題点や課題が残されている。たとえば，松井（1990, 2000）には「告白」に関する項目がない。項目内容をみる限り，第1段階の前に告白が行われているというよりは，第2段階で，あるいは第2段階から第3段階の移行で告白が行われていると考えられる。つまり，どこからが実際の恋愛関係なのかは，この研究からは把握できないのである。また，この5段階のうち，第1段階から第4段階までが非常に早く進行することが指摘されている。髙坂（2014a）は，大学生の恋愛関係では，1～4カ月で50％以上が，5～8カ月で70％以上が，性交をしていることを明らかにしている。松井（2000）の5段階のうち，4段階目までは，8カ月ほどでほとんどのカップルが到達しているのが現状であり，恋愛関係の特徴を捉えるうえで，第1段階から第4段階までは，交際期間が極めて短いカップル以外は弁別力がないのである。それに対して，プロポーズは，交際が25カ月以上であっても，10～30％しか経験しておらず（髙坂，2014a），大学生の恋愛行動において，第4段階と第5段階には，大きな壁が存在するといえる。Huston, Surra, Fitzgerald, & Cate（1981）は，恋愛行動の進展には，急進－減速型，急進型，中間型，長期型と

第2章　恋愛に関する心理学的研究

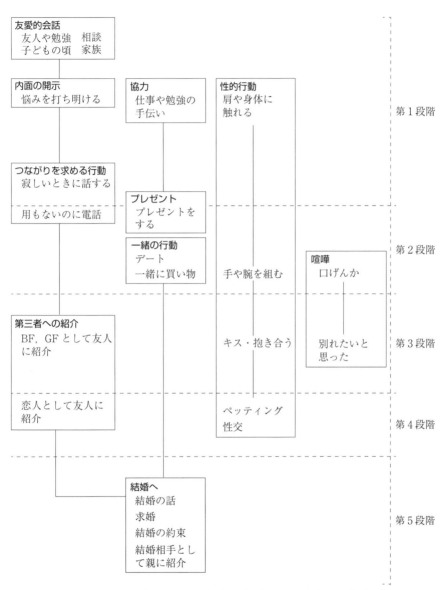

図2-5　2000年における恋愛行動の進展に関する5段階説
（松井（2000, 2006）より作成）

表2-2　1982年調査と2000年調査における恋愛行動経験率の比較（％）

項目	2000年調査	1982年調査	差
さびしいときに，話を聞いてもらう	72.2	66.1	6.1
婚約ではないが，結婚しようと約束した	18.4	9.5	8.9
自分たちの結婚話をする	30.6	20.5	10.1
用もないのに電話をする	70.0	56.7	13.3
恋人として周囲に紹介する	43.7	27.4	16.3
キスをしたり，抱き合ったりする	53.0	33.9	19.1
ペッティングをする	44.9	18.6	26.3
性交する	43.6	11.1	32.5
子どもの頃の話をする	80.5	85.8	-5.3
友人や勉強の話をする	88.6	97.3	-8.7
プレゼントを贈ったり贈られたりする	61.2	71.8	-10.6

注．2000年の方が経験率が高い場合，差の値はプラスになるよう算出した
（松井（2000）より作成）

いう4つのタイプがあり，急進型では，結婚の確定まで平均5カ月足らずで進行することを示している。Huston et al.（1981）の分類でいえば，日本の大学生の恋愛行動は，急進－減速型に該当するといえる。もちろん恋愛行動の5段階を数年かけて進むカップルもおり，急速に進展するカップルとゆっくり進展していくカップルにどのような差異があるのか，今後の知見の蓄積が求められる。また，この恋愛関係の5段階説が，海外の青年にも当てはまるのかは検討が必要である。

2　青年心理学における恋愛研究

社会心理学における恋愛研究では，海外の理論や研究を輸入し，日本でも同じような現象や特徴がみられるかを検証・確認するような量的な研究が多くなされてきたのに対し，少なくとも，1990年代までの青年心理学における恋愛研究は，文学の内容分析や手記・レポートの記述分析，あるいは研究者の慧眼による論究によって行われていた。これは，理論よりも目の前にいる青年の実

感に基づいた研究であるべきとする青年心理学の立場によるものであるが，一方で，得られた知見の実証性や一般化可能性には限界がある（松井，1990）。

本節では，そのような指摘はあるものの，現在でも紹介されることの多い，恋愛中の意識・感情に関する論考，アイデンティティのための恋愛，そして，近年提唱された新たな理論モデルである恋愛様相モデルについて紹介する。

▶ 恋愛中の意識・感情

日本の青年心理学における恋愛・愛情についての検討は，桂（1965）の『愛情の発達心理学』に端を発し，詫摩（1973），西平（1981），加藤（1987），大野（1995, 2010）などが論究しているが，その多くが青年の手記やレポートの分析，あるいは洞察に満ちた論考である。このように，青年心理学における恋愛研究は伝統的に，"文学作品や少数事例の手記から発達の機制を論考するアプローチ"（松井，1998）がとられており，主に恋愛中の意識・感情を列挙するかたちで進められている。

たとえば，詫摩（1973）は恋愛における心の変化として，①相手を美化する結晶作用，②相手と同じ言動をするようになる同調傾向，③相手のことを思い続けるようになる憑執傾向，④2人の間に生じる内閉的世界と共存感情，⑤感情が不安定になることによって生じる疑念の克服，⑥人間的な成長に伴う精神的成熟，の6点をあげている。①結晶作用とは，Stendhalの『恋愛論』において，ザルツブルグの塩坑に枯れ枝を置いておくと，枯れ枝は結晶に覆われ，枯れ枝には見えないほどきらきらと光り輝く例えで示されているような，好意をもつ相手を美化する現象のことである。特に相手に関する情報が少ないほど，自分の理想と期待を投映させ，過剰なほどに相手を美化してしまうことがある。また，④内閉的世界とは，カップルがつくり上げる，他者が入ることができない2人だけの世界のことである。それは決して2人しかいない場所ではなく，電車内や街中など，公共の場所であっても，まるで周りに誰もいないかのように，2人だけの心理的な空間を構築するのである。そして，その2人だけの世界で，長時間のアイコンタクトや身体的接触をしたり，2人にしかわ

からないような会話を楽しむことにより,「私たち」という感覚を得るようになるのである。

　また,西平 (1981) は,青年期の恋愛感情として,①嫉妬心と羞恥心,②激情性,強迫性,固執性,③悲哀(切なさ),憂愁,感傷,という3つの特徴をあげている。①嫉妬心と羞恥心は,他の異性を排斥し,相手を独占したいという気持ちが強くなるに伴って,相手が自分以外の異性に奪われる不安や恐れによって生じるとされている。②激情性,強迫性,固執性は,西平 (1981) が「恋愛の煩悩的性格」と名付けた執着性によって生じるとされている。相手を思う気持ちはどんどん強くなり,何をしていても相手のことに意識が向いてしまい,相手との関係に固執してしまう。相手から好きだと言われれば,天にも昇る気持ちになり,相手が少しでも気のない態度をとれば,不安や悲しみに暮れ,どこまでも落ち込んでしまう。このような感情の乱高下が,青年期の恋愛感情の特徴といえるのである。③悲哀(切なさ),憂愁,感傷は,青年の傷つきやすさによるものである。好きな人を思っては感傷的になり,少しでも関係がギクシャクすると,深く傷つく。ため息が増え,悩むことも多くなる。青年にとって恋愛とは,必ずしも楽しく明るいものではなく,多くの悩みや不安をもたらすものなのかもしれない。

　大野 (2010) は,恋の特徴として,①相手への強い思慕の情,②憧憬(あこがれ),③結晶作用,④憑執状態,⑤恋に伴う身体的現象(ドキドキしたり,顔が赤くなるなど)という5つを,愛的な交際の特徴として,①自分より相手(2人)の幸せ,②相手の喜びが自分の喜び(相互性),③身体現象の消失,④互いに心理的に支え合う関係である人生のパートナーシップ,⑤2人の関係について将来に対する見通しが広がる時間的展望,⑥本音で話したり,素でふるまえるようになる防衛の消失,⑦無条件性,の7つをあげている。また,大野 (1995, 2010) は,アイデンティティが未確立の青年特有の恋愛のあり方として「アイデンティティのための恋愛」を提唱しているが,これについては後に詳細に論じる。

　高坂 (2009, 2010b) は,恋愛関係をもつことによって青年(大学生)に生

じる心理的・実生活的変化を"恋愛関係の影響"として概念化し，大学生を対象とした調査から，①活動に対する意欲や興味関心の対象が広がる「自己拡大」，②毎日が楽しい気持ちで過ごせるようになる「充足的気分」，③友だちなどから今までよりも肯定的な評価が得られるようになる「他者評価の上昇」という3つのポジティブな影響と，④自分一人の時間が取れなくなる「時間的制約」，⑤プレゼントや外食などでお金がかかる「経済的負担」，⑥友だちなどと遊びにくくなると感じる「他者交流の制限」，⑦ヤキモチを焼いたり，別れることの不安を抱く「関係不安」，という4つのネガティブな影響を見出している。このうち，「関係不安」については，交際期間が短いうちは男女ともに同程度であるが，交際が長くなると，女子はほぼ同水準を維持するのに対し，男子は徐々に低下することが明らかになっている。また，髙坂(2010b)では，恋人がアイデンティティ達成型やフォークロージャー型であると推測している者は，恋人がモラトリアム型や拡散型であると推測している者よりも「自己拡大」や「充足的気分」を強く感じており，また，自身がモラトリアム型の者は達成型やフォークロージャー型よりも「時間的制約」を強く感じており，自分自身や恋人のアイデンティティの確立状態によって，恋愛関係の影響の認知が異なることが示されている。髙坂(2013a)は，アイデンティティと恋愛関係の影響との因果関係を，恋人のいる大学生を対象とした3回のパネル調査によって検討している。その結果，「関係不安」はアイデンティティの確立にポジティブな影響を及ぼしているが，アイデンティティは"恋愛関係の影響"には影響を及ぼしていないことが示されている。「関係不安」は女子において関係満足度と負の相関を示している(髙坂，2009)ことを考慮すると，「関係不安」は恋愛関係にとってはネガティブな意味をもつが，自我発達にはポジティブな意味をもつという両価性があることが考えられるのである。

このように，片想いを含めて青年の恋愛中の意識・感情については，各研究者によって列挙されているものが多く，研究者間での関連性や，実証的知見には乏しい状況は変わっていないといえる。

▶ アイデンティティのための恋愛

　近年では中高年の恋愛も社会的な注目を集めているが，青年心理学をはじめ，恋愛に関する心理学的研究のほとんどは，青年を対象としている。そのため，本来であれば，青年期特有の心理状態あるいは自我発達も考慮されるべきであるが，これまでの恋愛研究では，あまりそのような点は考慮されてこなかった。そのなかで，青年の自我発達と恋愛関係について論じたものとして，大野（1995, 2010）のアイデンティティのための恋愛がある。

　アイデンティティのための恋愛の理論基盤は，Erikson のアイデンティティ理論である。Erikson（1959/2011）は，アイデンティティの感覚について，「〈自分自身の内部の斉一性と連続性（心理学的な意味における自我）を維持する能力〉が〈他人にとってのその人がもつ意味の斉一性と連続性〉と調和するという確信から発生する」と述べている。斉一性（sameness）とは，自分は誰とも取って代わることのできない独自の存在であり，また，役割や立場によってたくさんの「○○な私」が現れるが，それらはすべてひとまとまりとして「私」であるという，水平軸（空間軸）としての"私は私である"という感覚である。一方，連続性（continuity）とは，どのような過程や変化があったとしても，過去の自分も現在の自分も未来の自分も同一の自分であり，連続した存在であるという，垂直軸（時間軸）としての"私は私である"という感覚である。この斉一性と連続性を有した自分が，社会のなかで位置づけられ，そのような自分を周囲の（重要な）他者も認めている確信がもてている状態が，アイデンティティが確立している状態であるといえる。大野（2010）は，このアイデンティティの感覚は，自覚，自信，自尊心，責任感，使命感，生きがい感の総称であるとしている。

　青年期は，アイデンティティ確立に向けて，自分の生き方について主体的な選択と懸命な努力をする時期であり，この時期のことを Erikson はモラトリアムとよんでいる。このモラトリアムの期間に青年は，学業や部活動・サークル活動，アルバイト，ボランティア活動，各種実習などをとおしてさまざまな役割を経験し，自分の人生や生き方について模索をして，最終的に覚悟を伴った

選択をすることになる。しかし，モラトリアムの時期は，不安や焦り，迷い，劣等感，自己嫌悪感など，否定的感情を強く抱きやすい不安定な時期でもある。そこで，青年は心の拠り所として異性・恋人を求めるようになるのである。

Erikson（1950/1977）は，そのような青年期特有の心理状態と恋愛関係との関連について，「青年期の恋愛は，その大部分が，自分の拡散した自我像を他人に投射することにより，それが反射され，徐々に明確化されるのを見て，自己の同一性を定義づけようとする努力である」と述べている。また，「少年と少女の間には，単なる性的魅力や愛情と間違えられることの多い，ある種の青年期的な愛着がある。社会の慣習が異性愛的行動を要求しない限り，こうした愛着は，個人のアイデンティティの定義を求めるために働き，果てしなく議論を続け，何を感じ相手がどう見えるかを打ち明け合い，計画・願望・期待について話し合うことを通して行われる」(Erikson, 1959/2011) とも述べており，さらには，「多くの若者たちは，他人の中に，また，他人をとおして，自分のアイデンティティを見つけるために結婚します」(Evans, 1967/1981) という指摘もしている。つまり，青年期の恋愛は，異性・恋人から好きだと言われたり，頼られたりすることによって自信を得て，自分の不安定・未確立なアイデンティティを補強しようとするものであると，Eriksonは考えているのである。

これらの論究を受けて，大野（1995）は，「親密性が成熟していない状態で，かつ，アイデンティティの統合の過程で，自己のアイデンティティを他者からの評価によって定義づけようとする，または，補強しようとする恋愛的行動」を"アイデンティティのための恋愛"として概念化している。大野（1995）は，女子短大の学生から得られたレポートを分析・整理し，アイデンティティのための恋愛には，①相手からの賛美，賞賛を求めたい，②相手からの評価が気になる，③相手の挙動に目が離せなくなる，④しばらくすると，呑み込まれる不安を感じる，⑤交際が長続きしない，という5つの特徴を示している（表2-3）。

アイデンティティのための恋愛を実証的に捉えようとした研究として，冨重（2001）と板垣（2008）がある。冨重（2001）では，アイデンティティのため

表2-3 アイデンティティのための恋愛の特徴

特徴	説明	具体例
①相手からの賛美・賞賛を求めたい	自分のアイデンティティに自信がもてない青年は，相手からの賞賛を自分のアイデンティティの拠り所にしている。そのため，相手から賞賛し続けてもらわないと自分の心理的基盤が危うくなり，よって，相手からの評価も気になる。	「会うたびに『私のこと好き？　私はあなたが好き』，『俺のこと好き？　俺はおまえのこと好きだ』なんていっていました。」
②相手からの評価が気になる		「電話でもデートをしても，いつも私に『俺のこと好き？』とか『どこが好き？』と，私が彼のことを好きかどうか確認するのです。」
③しばらくすると，呑み込まれる不安を感じる	自分自身にある程度の自信がもてない状況で，人と仲良くなろうとすると，相手が自分の心のなかに必要以上に入り込んでくる，もしくは，相手に取り込まれ，自分がだんだんなくなるように感じ，息苦しいような感じさえする。	「一緒にいても，私が私でないような，仮面をかぶっているような状態。会話というものができず，のみ込まれるような不安，沈黙，緊張……」
④相手の挙動に目が離せなくなる	相手から嫌われることは，単なる恋人を失うことにとどまらず，それまでの自身の基盤が揺さぶられる経験となり，大きな不安と混乱の原因となる。	「つき合い始めた頃は，二人ともお互い細かいところまで決めて，規制しあうことに一生懸命でした。なるべく自分たち以外の人とは接触しないように，自分以外に興味がいくことを恐れていたのだと思うんです。」
⑤結果として，交際が長続きしない	「アイデンティティのための恋愛」をしている青年の関心は自分自身にあり，本当の意味で相手を愛しているわけではない。そのため，相手を幸福な状態にしようという努力や気配りをすることも難しい。	「社会人と学生になってしまい，（中略）会うこと話すことが少なくなってくるといろいろなことが不安になり始めました。（中略）あまり，みっともない私を見せたくなかったという理由で，私からなんとなく別れることをにおわせてみました。。そうしたら，『きらいになったんじゃなくて，重たくなったんだ』と言われました。」

（大野（1995，2010）より作成）

の恋愛に関する項目を因子分析し，「否定的恋愛」，「依存耽溺」，「影響変化」，「苦手意識」，「感情確認」という5因子を抽出している。これらの因子は，他者からの影響の受けやすさ（他者影響）と負の相関を示し，また「影響変化」を除く4因子は，劣等感や抑制不安，異性不安と正の相関を，自己感覚と負の相関を示すことが明らかにされている。また，板垣（2008）は，「呑み込まれる不安」，「相手からの賞賛・賛美を求める」，「重荷に感じる」，「相手からの評価が気になる」という4下位尺度からなるアイデンティティのための恋愛尺度

を作成し，心理的離乳との関連を検討している。その結果，アイデンティティのための恋愛は，第1次心理的離乳とは正の相関関係にあるが，第2次心理的離乳とは負の相関関係にあることを示している。

アイデンティティのための恋愛は，レポートという青年の実感とEriksonのアイデンティティ理論とを融合させたものであり，青年期の恋愛を説明するうえで，非常に有用な概念である。そのため，特に2000年代に入り，青年心理学や発達心理学のテキストで，頻繁に紹介されている。その一方，ほとんど数量的・実証的な検討が行われておらず，測定尺度も確立していない状況である。

なお，青年期の恋愛とアイデンティティとの関連については，第3章で詳細に論じることとする。

▶ 恋愛様相モデル

Sternberg（1986）の愛情の三角理論のように，現在の恋愛関係のあり方を捉える際に，日本語の"恋愛"という言葉に着目したモデルとして，髙坂（2011a）の恋愛様相モデルがある。

日本語の"恋愛"という言葉は，もともとあった"恋"という言葉と"愛"という言葉を組み合わせて，明治時代にLOVEの翻訳語としてつくられた言葉である。現代では，"恋"と"愛"を類義語として捉えている者も少なくないが，本来，"恋"と"愛"は質的に相反するものである。たとえば，返田（1986）は，恋は，自分にとって魅力をもつものを手に入れ，一体になりたいという欲求を表すエロス的愛とほぼ同じであるのに対して，愛は，相手の自由や独立性を認め，尊重し合うフィリア的愛に相当するものであり，恋愛はエロス的愛とフィリア的愛が結びついたものであると述べている。また，大野（2000）は，恋は美的条件や加算的魅力を追求している場合が多いのに対し，愛は比較を超えた，その人全体を全人格的に受け入れているものであるとしている。さらに，雨宮（2008）は，恋には"self-centered love"という訳語を，愛には"self-transcendent love"という訳語をあて，恋と愛とを自己−他者関係のあり方から対比的に検討している（そもそも，英語に日本語の"恋"に該当

する単語はない)。このように，恋と愛とは質的に異なり，相反する状態を表しており，恋愛とは恋の状態と愛の状態が分かちがたく渾然とした状態なのである。西平 (1981) は，恋愛に対するこのような考え方を"二元的一元性（統一性）"論として提起している。

　髙坂 (2011a) の恋愛様相モデル（図2-6）は，この二元的一元性（統一性）論に基づいて構築されている。髙坂 (2011a) は，恋の特徴や愛の特徴に関する知見をもとに，恋には，相対性，所有性，埋没性という3つの特徴が，愛には，絶対性，開放性，飛躍性という3つの特徴があることを示している。恋の特徴である相対性とは，相手（異性や恋人）を他の異性と比較したり，自分の条件・理想に合っているかで評価をする傾向であり，所有性は，相手を物理的・時間的・心理的に占有し，相手の精神的なエネルギーを自分に向けたままにさせようとする傾向であり，埋没性は，生活や意識の中心が相手や相手との関係になり，相手や相手との関係以外の事柄に対する関心や意欲が低下する傾向である。一方，愛の特徴である絶対性とは，他者との比較を超えて，相手の欠点や短所も含めて，相手の存在そのものを受容し，認めることであり，開放性は，相手の幸せや成長のために，自分の精神的なエネルギーを与えることであり，飛躍性は，相手や相手との関係を基盤として，それら以外の事柄により

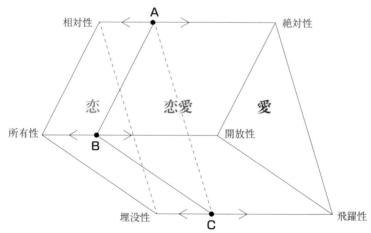

図2-6　青年期における恋愛様相モデル（髙坂, 2011a）

一層興味や関心が増し，挑戦や努力をすることである。

　これら恋の特徴と愛の特徴のうち，相対性と絶対性，所有性と開放性，埋没性と飛躍性とがそれぞれ対応しており，恋愛様相モデルは，この３次元でかたちづくられる三角柱で表される。そして，現在の恋愛関係は，相対性－絶対性，所有性－開放性，埋没性－飛躍性という３つの次元上を動くパラメーターを結んだ三角形で表されるとしている。

　恋愛様相モデルでは，恋愛関係の初期のうちは３つのパラメーターはいずれもモデルの左側（恋の方向）にあり，関係が親密になるにつれて，右側（愛の方向）に移動することが想定されている。また，大野（2000）が恋の特徴と愛の特徴を比較し"発達的に考えた場合，恋愛における心理力動も「恋」から「愛」的なものへと変化していく"と述べている。ここでいう"発達的"とは，自我発達を意味していると考えられる。つまり，アイデンティティや親密性が形成されるほど，恋愛関係が愛の方向に進みやすいことが示唆されている。言い換えれば，単に年齢が高いとか，交際期間が長いからといって，その恋愛関係が愛の方向に向かうとは想定されていない。

　恋愛様相モデルの実証的検討として，髙坂・小塩（2015）は，相対性－絶対性，所有性－開放性，埋没性－飛躍性の３つの次元に対応する左右一対の項目を作成して，18歳から34歳という幅広い年齢を対象とした調査を実施し，14項目からなる恋愛様相尺度（Scale of Immature/Mature Love；SIML，表2-4）を作成している。14項目の全体得点である「愛」得点や下位尺度である「相対性－絶対性」得点，「所有性－開放性」得点，「埋没性－飛躍性」得点は，いずれも年齢や交際期間とは無相関であった。また，「相対性－絶対性」得点は，恋愛関係満足度や結婚願望と正の偏相関を示し，「埋没性－飛躍性」はアイデンティティ得点や親密性得点と正の偏相関を示したことから，相対性－絶対性は恋愛関係に対する主観的評価と関連し，埋没性－飛躍性は自我発達との関連が強い次元であると考えられている。また，髙坂（2015a）はSIMLとTLSとの関連を検討し，SIMLの「所有性－開放性」得点とTLSの「情熱」得点や「コミットメント」得点との間に負の偏相関がみられることを示してい

表2-4　恋愛様相尺度（SIML）（髙坂・小塩（2015）より作成）

【質問】 両側に文章が並んでいます。あなたが恋人とつきあっている時の考えや行動は，左右どちらの文章によりあてはまっていますか？　たとえば，右側の文章と比較して，左側の文章の方がわりとあてはまっていると思う場合には，2「わりと」に○をつけてください。

		かなり	わりと	どちらかといえば	どちらかといえば	わりと	かなり	
1	恋人と他の異性を比較すると，他の異性の方が良く見え，がっかりすることがある	1	2	3	4	5	6	恋人の良いところは，他の異性と比較するまでもなく，十分にわかっている
2	恋人が，私に気兼ねなく，やるべきことに専念できるように支えている	6	5	4	3	2	1	恋人には，何をしているときでも，私のことを気にかけてくれるよう求めている
3	恋人と過ごす時間を減らしたくないので，新しいことには取り組まないようにしている	1	2	3	4	5	6	恋人との関係を拠り所として，新しいことにも積極的に取り組もうとしている
4	私の理想とは関係なく，恋人はそのままで魅力的である	6	5	4	3	2	1	恋人を見ていると，自分の理想に合わないところをつい探してしまう
5	恋人が仕事や勉強などに熱心になっていると，私は放っておかれているようで不安になる	1	2	3	4	5	6	恋人が仕事や勉強に熱心になっているとき，私が放っておかれても，素直に応援できる
6	恋人がいるからこそ，仕事や勉強に集中して取り組むことができている	6	5	4	3	2	1	恋人のことばかり考えてしまい，仕事や勉強がおろそかになる
7	恋人の欠点をみつけると，私の理想から遠のいた気がして落ち込む	1	2	3	4	5	6	恋人の欠点をみつけても，恋人の新たな一面を発見したようで嬉しくなる
8	恋人が忙しくても，恋人が活動に集中できるように，さまざまな面でサポートしている	6	5	4	3	2	1	恋人が忙しいと，一緒にいられないので，悲しくなる
9	恋人とつきあっていると，仕事や勉強，他の人とのつきあいに対する関心や意欲が減る	1	2	3	4	5	6	仕事や勉強，他の人とのつきあいで苦労しても，恋人のことを思い出すと，頑張ろうという気になる
10	短所や欠点も含めて，恋人に十分満足している	6	5	4	3	2	1	恋人の長所や良い面には満足しているが，短所や欠点は見ないようにしている
11	私ともっと多くの時間を一緒に過ごすために，恋人には他の活動に時間や労力は費やさないでほしい	1	2	3	4	5	6	恋人が他の活動に熱心に取り組むために，自分の時間や労力は惜しまず協力している
12	恋人からの支えを得て，日々の生活を意欲的に過ごすことができている	6	5	4	3	2	1	生活の中心は恋人であり，恋人の要望や都合にあわせた生活を送っている
13	恋人よりも，もっと自分にふさわしい異性がいるのではないかと思い，つい他の異性を比較してしまう	1	2	3	4	5	6	恋人以上に自分にふさわしい異性はどんなに探してもおらず，恋人の代わりになる異性はいないと思う
14	恋人がさまざまな行動や人とのつきあいを今よりもできるように，積極的に協力している	6	5	4	3	2	1	私との時間を大切にしてもらうために，恋人にはさまざまな行動や人とのつきあいを今よりも減らしてほしい

注．項目番号1, 4, 7, 10, 13が「相対性-絶対性」の項目であり，2, 5, 8, 11, 14が「所有性-開放性」の項目であり，3, 6, 9, 12が「埋没性-飛躍性」の項目である。それぞれの項目への回答を合計し，項目数で除した値がそれぞれの下位尺度の得点となる。得点が高いほど，愛の特徴（絶対性，開放性，飛躍性）を有していることを表すようになっている。なお，実施の際には偶数番号の項目（網掛けされている項目）の選択肢の数字を入れ替えて行う方が望ましい。

る。この結果は，所有性－開放性の観点からみると，TLS の情熱やコミットメントは「愛」ではなく「恋」の特徴であることを示唆している。さらに，髙坂（2016）は，恋人のいる大学生を対象に SIML による恋愛関係の継続／終了の予測について検討し，恋愛関係が継続していた群の方が終了していた群よりも，1年前の時点での「相対性－絶対性」得点が有意に高いことを明らかにしている。つまり，恋人を自分の理想や他の異性と比較するのではなく，欠点などがあったとしても恋人をありのまま受け入れることが，恋愛関係を継続するうえで重要であることを示している。

　Sternberg（1986）の愛情の三角理論が，恋愛関係ではなく，親子関係や友人関係を含めた幅広い愛情関係をその射程としているのに対し，恋愛様相モデルは，現在進行している恋愛関係だけをその射程としている。恋愛関係に特化している分，恋愛関係に関わるさまざまな現象を説明できる可能性は有しているが，恋愛様相モデルが提唱されて日が浅く，ようやく尺度が作成された状態であるため，恋愛様相モデルの妥当性や応用・発展可能性については，今後の研究で明らかにされていくことが期待される。

3 進化心理学――恋愛研究における第三の潮流

　恋愛関係に関する研究では，よく性差が検討されることがある。たとえば，松井（1990）は，男性は関係初期から恋愛感情が高いが，女性はキスをするような深い関係にならないと相手への気持ちが高まらないことを明らかにしており，髙坂（2009）は，交際が長くなると，男性は「関係不安」が低下するが，女性は高い水準を維持することを明らかにしている。また，一般的な言説においても，「男性は年下好き，女性は年上好き」，「男性は女性の身体的浮気に傷つき，女性は男性の精神的浮気に傷つく」，「男性は元恋人を『ファイル保存』し，女性は『上書き保存』する」など，恋愛に関する男女の違いを扱ったものは多い。しかし，さらに一歩深く考えて，「なぜ男性は○○で，女性は××なのか？」と考えると，なかなか説明は難しい。そのような男女の違いをはじ

め，これまでの心理学では説明困難な現象や問題について説明を試みているものに，進化心理学というものがある。

進化心理学は，ダーウィンの進化論を，ヒトの心にも適用して解釈しようとする考え方であり，その前提は「ヒトの心も自然淘汰による進化の産物である」というものである。自然淘汰（自然選択）とは，生存に有利な個体は生き残り，生存に不利な個体は淘汰される（滅んでいく）というもので，首の長いキリンと首の短いキリンの例で説明されることがある。進化心理学では，ヒトの心も同じで，更新世（180万年前〜1万年前）の，狩猟採集生活に適合できるように形成された人間の本性のなかで，生存に有利な心的機制が，子孫に，そして，現代人に受け継がれているとされている。

たとえば，進化論的に考えた場合，恋愛関係におけるパートナー選択において最も重視されるのは，遺伝子的により質の高い異性を見つけ出し，いかに獲得するかである。質（健康さ，免疫力の強さ，環境変動への適応力など）の高い異性との間の子の方が，そうではない異性との間の子よりも，生存する可能性が高くなる，つまりは自分の遺伝子を残せる可能性が高くなるからである。そのため，ヒトはさまざまな情報から，また多様な方法を使い，相手の遺伝子の質を判断し，質の高い（と推測される）異性に好意を寄せると考えられている。外見でいえば，これまで多くの研究では，対称性や平均性など，文化に依存しない普遍的な美の基準が存在することが指摘されている（たとえば，Jones & Hill, 1993）。対称性は健康さや，病気への抵抗力などの指標であり（Thornhill & Møller, 1997），平均性は病原体に対する寄生や突然変異に対する抵抗力の強さを表すと考えられている（天野, 2012）。美人が魅力的で，モテるのは，その美しさが，健康さや病気への抵抗力を表しているからであると，進化心理学的にはいえるのである。

「男性の方が浮気しやすい」という言説もあるが，これも進化心理学的に考えれば説明がつくとされている。つまり，人間としての男性／女性ではなく，動物としてのオス／メスとして捉え，いかに自分の遺伝子をもった子を確実に残せるかを考えればよいのである。男性（オス）の場合，一度に数億個の精子

を頻繁につくることができるため，ひとりの女性（メス）とだけ性交していては非効率である．男性（オス）は，相手を選ばず，とにかくたくさんの女性（メス）と性交すれば，自分の遺伝子をたくさん残せる可能性が高まるため，浮気しやすいと考えられるのである．一方，女性（メス）は，卵子をひと月にひとつしかつくれない．また妊娠するとしばらく卵子はつくられず，出産した場合，長い時間を子育てにとられる．そのため，性交する相手は誰でも良いわけではなく，質が高い遺伝子をもっていて，自分と子を守り養ってくれる相手を選択しなければならない．そのため，女性は交際・結婚・性交する男性を慎重に選び，選んだ相手との関係に対して強くコミットする，つまり浮気はしないと考えられる．このような性戦略の違いが，太古より脈々と受け継がれ，現代の「男性の方が浮気しやすい」という言説（あるいは現象）につながっていると説明されるのである．

　このように一見，すっきりと説明され，しかも，これまでの心理学では説明することができなかった性差についても，明快な説明が可能な進化心理学は，現在，恋愛研究のひとつの流れとなっている．一方，進化心理学による説明には，さまざまな批判も存在している．たとえば，Buller（2009/2009）は"ポップ進化心理学"には，「更新世の適応問題を分析すると，心がどのように設計されたかについての手がかりが得られる」，「人間独特の特性が進化した理由はわかっている，あるいは解明しうる」，「現代人の頭蓋は石器時代の心を宿している」，「心理学的データはポップ進化心理学に明白な証拠を提供する」という前提・主張の誤りや問題を指摘し，ポップ進化心理学の推測は欠陥だらけであると断じている．また，加藤（2013）は「男性は女性の身体的浮気に傷つき，女性は男性の精神的浮気に傷つく」という言説について，Buss, Larsen, Westen, & Semmelroth（1992）の著名な研究の問題点への指摘をとおして，進化心理学を含むポップ心理学（大衆向け心理学）に対する警鐘を鳴らしている．「男性の方が浮気しやすい」という言説についても，先ほどのように進化心理学では明快に説明されているが，Greeley（1994）は，30歳以下では女性の方が浮気率は高いが，30歳以上になると男性の方が高くなることを明らか

にしており，進化心理学による説明では不十分であることが示唆されている。進化心理学的な恋愛研究には，このような批判に対する丁寧な説明と，それを裏づける理論的・実証的な検討が必要である。

4 恋愛研究の新たな動き

以上のように，心理学における恋愛研究は，社会心理学，青年心理学，そして，進化心理学において行われている。これらの領域における相互交流は行われていないと松井（1990）が指摘してから25年経つが，現在もその状況はほとんど変わらない。今後も，これらの領域における相互交流を期待するが，一方で，恋愛に関する新たなテーマに基づいた研究も次々に行われている。

本章の最後として，近年の恋愛研究における注目すべきテーマ・トピックをいくつか簡単に紹介したい。

▶ 告白の成否

告白は，恋愛関係を構築するうえで重要な行動であり，告白が成功する，あるいは，相手からの告白を受け入れることによって，初めてその両者は恋愛関係を構築することになる。そのため，どのようにしたら告白は成功するのかという問いは，現在意中の相手がいる者にとって，非常に関心のあるものである。しかし，これまでの恋愛研究では，告白の状況に関する実態調査はいくつか行われているが，告白の成否に関わる知見はまだ蓄積されているとはいえない。

告白の状況に関する実態調査として，髙坂（未発表）は2013年から2015年にかけて，大学生を対象に，最近告白した月・時間帯や告白された月・時間帯，告白の方法などについて調査をしている（図2-7，図2-8）。まず告白した月では，8月・3月・10月が多く，1月・2月・5月は比較的少なくなっている。また告白された月では，6月・9月・7月が多く，2月・1月・3月は少なく，告白した月と告白された月を合わせると，6月・7月や9月・10月が告白の時

第２章　恋愛に関する心理学的研究

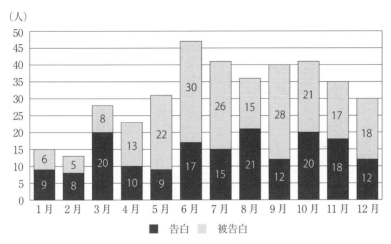

図2-7　告白した月と告白された月（高坂（未発表）より作成）

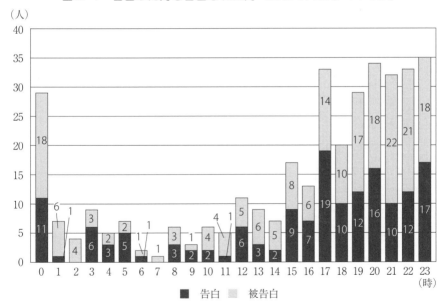

図2-8　告白した時間帯と告白された時間帯（高坂（未発表）より作成）

期として選ばれており，1月・2月ではあまり告白は行われていないようである。

栗林（2002）でも同様の調査が行われているが，そこでは大学生女子において2月と12月で告白が多く行われており，バレンタインデーやクリスマスのようなイベントが女子の告白に大きく関わっていると考えられている。しかし，栗林（2002）の調査（調査時期は1999年）から15年ほど経過した現在，青年にとってバレンタインデーやクリスマスはもはや告白を後押しするイベントではなくなっていると考えられる。むしろ夏休み前の6月・7月，クリスマスや年末年始前の9月・10月のうちに告白し，恋人を確保しておきたいという思いがあるのかもしれない。告白の時間帯については，栗林（2002）と同様，夕方から夜にかけて多くなっている。また，告白の方法としては，「直接対面」が50%を超え最も多く，「メール」が約20%，「電話」が約15%となっており，「手紙」や「SNS」はほとんど告白には用いられていないことが示されている。なお，告白の方法と告白の成否には連関はみられていない。

告白の成否の心理的要因について，栗林（2004）では，告白経験のある者は告白経験のない者よりもシャイネスが低く，社会的スキルが高いことが示されているが，告白の成否でシャイネスや社会的スキルの違いはみられなかった。一方，関係的要因や状況的要因として，告白成功群は告白失敗群よりも知り合ってから告白までの期間が短く，買い物や食事，ペッティングなど，すでに2人だけの親密な行動をとっていた。また，告白成功群の半数が夜に告白をしており，「つきあってください」のように交際を申し込む内容を含んだ告白をしていた。さらに，告白成功群の方が，相手の自分に対する恋愛感情や相手が告白を受け入れてくれる可能性を高く見積もっていることも示されている。

栗林（2004）の知見から，告白は「一か八か」の勝負ではなく，成功するためには，短期間で一気に親密になり，相手の恋愛感情を高めるような努力と工夫，戦略が必要であるといえる。

ちなみに，告白とその受諾をもって恋愛関係を始めるのは，日本や中国，韓国などアジアの一部の国・地域だけであり，欧米では恋愛関係を始める際に，告白は行われないとされている（牛窪，2015）。アメリカやヨーロッパ諸国で

はどのように恋愛関係が始まるのかについては，牛窪（2015）が詳細に論じているため，ここでは紹介しないが，恋愛関係の開始に関わる欧米との比較研究も今後期待したい。

▶ 性交する動機

　恋愛行動の5段階説でも述べたように，現代では，性交は結婚よりも，恋愛と強く結びついていると考えられる。高坂（2014a）は，大学生カップルの80％以上が交際8カ月以内に性交をしていることを示しているが，大学生の性交は，生殖（子どもをつくること）を目的としているとは想定できず，むしろ個人のさまざまな欲求や相手とのコミュニケーションなどが目的であると考えられる。

　日本性教育協会（2013）が性交経験のある高校生・大学生に，初めて性交した時の動機やきっかけを尋ねたところ，男女とも「好きだったから」が最も多く，また，高校生男子や大学生男子では「好奇心から」，「経験してみたいと思っていたから」が多くなっている。一方，高校生女子では「ただなんとなく」が，大学生女子では「相手から強く要求されて」が男子よりも多くみられており，女子青年が必ずしも主体的に性交を行っていないことがうかがえる（図2-9）。和田（1999）は，ある異性と初めて性交する時に重視する要因として，「愛情」，「生理的覚醒」，「状況・圧力」の3因子を抽出し，男子は「生理的覚醒」を重視し，女子は「愛情」を重視することを明らかにしている。また，斎藤・中野・芝木・笹嶋（2006）は，大学生を対象に，性交する理由について自由記述形式で調査を行っている。その結果，「愛情を確かめたい」が50.1％で最も多く，次いで「その場の雰囲気」（16.1％），「相手が望む」（6.0％），「快楽を得たい」（4.9％）などが性交をする理由としてあげられている。

　澤村（2013）は，大学生が恋人と性交する理由を分析し，「自己の欲求」，「愛情確認」，「相手からの要望」，「周囲からの圧力」，「支配・独占」，「雰囲気」の6因子を抽出している。また，これらと性交満足度や恋愛関係満足度との関連を検討したところ，男女ともに「愛情確認」による性交は，性交満足度を高

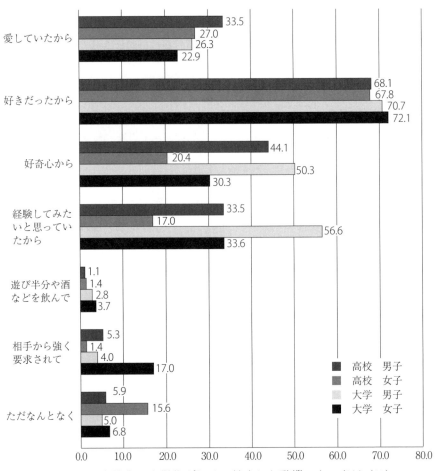

図2-9 高校生・大学生が初めて性交した動機・きっかけ（％）
（日本性教育協会（2013）より作成）

め，関係満足度も高めるが，男性の「周囲からの圧力」，女性の「相手からの要望」は性交満足度を低め，関係満足度も低めることが明らかにされている。この結果は，自分の主体的な意思によらない理由・動機で（嫌々ながら）性交することは，恋愛関係の段階を進めることにはなっても，関係を悪化させる可能性を示唆している。

性交のような恋愛行動のなかの特定の行動に焦点を当て，その行動が恋愛関

係に及ぼす影響を検討した研究は少ない。望まない妊娠や性感染症など具体的でわかりやすい問題と関わる性交ではあるが，それらの問題だけではなく，恋愛関係のなかの性交について，その影響や意味などが今後明らかになることを期待したい。

▶ デートDV

お互いの想いが通じ合い，晴れて恋愛関係になれたとしても，それが幸せな関係になるとは限らない。夫婦関係における身体的・精神的・性的暴力を意味するDV（Domestic Violence）が広く認知されるようになったが，近年，恋愛関係におけるDVであるデートDVも注目を集めている。内閣府（2014）によると10歳代から20歳代の頃に交際相手から「身体的暴力」，「精神的暴力」，「性的暴力」のいずれかを受けた経験がある者は，女性の13.8%，男性の5.8%であった。また，艮・小堀（2013）が大学生を対象に行った調査では，「携帯電話を勝手に見る」，「予定を細かくチェックする，異性との交遊を制限する」，「平手やこぶしで殴る」などの行動が加害経験・被害経験ともに10%台と多くみられることが明らかにされている。さらに，日本DV防止・情報センター（2008）によると，男性の33.3%，女性の35.1%が交際し始めてから3カ月以内に暴力を振るわれるようになったと回答し，1年以内では男性の91.7%，女性の79.7%まで増加することを明らかにしている。

デートDVに関する研究では，まずデートDVの分類が行われている。Pence & Paymar（1993/2004）は，男性（主に夫）の暴力から逃れるためにシェルターに避難した女性たちの体験をもとに，「暴力と支配の車輪」を作成している（図2-10）。また，艮・小堀（2013）はデートDVを身体的暴力，精神的暴力，経済的暴力，性的暴力，社会的暴力に分類している。さらに，赤澤・竹内（2015）では，これまでのデートDVに関する研究を踏まえ，精神的暴力を「孤立させる」，「相手を服従させる」，「自尊心を低下させる」の3つに分類しているが，因子分析では，「孤立させる」は「監視・行動の制限」として，「相手を服従させる」と「自尊心を低下させる」はまとまって「威圧・否

定」として抽出されている。

　加害・被害経験の性差についても多く検討されており（上野・松並・青野・赤澤・井ノ崎, 2012；森永・Freize・青野・葛西・Li, 2011 など），性的暴力については男性が加害者，女性が被害者という構図が一貫して確認されているが，身体的暴力や精神的暴力では，必ずしもその構図が確認されてはおらず，

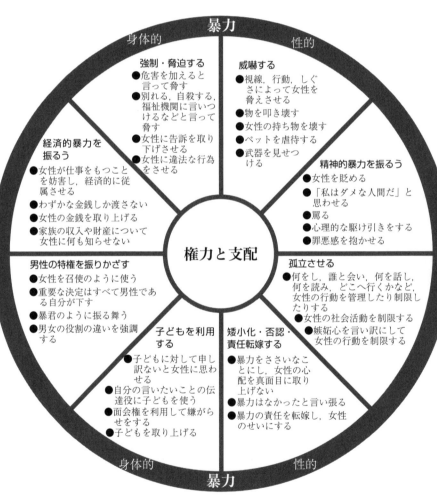

図2-10　暴力と支配の車輪（Pence & Paymar（1993/2004）より作成）

女性が加害者となっている場合も少なくない。

　近年では，攻撃性（井ノ崎・野坂，2010）や自己愛（松並・青野・赤澤・井ノ崎・上野，2012），愛着（井ノ崎・上野・松並・青野・赤澤，2012）などの特性から加害者・被害者の特徴を明らかにしようとしている研究もある。

　デートDV自体が，2010年前後に認知されるようになった現象であるため，研究が進展しているとは言いがたい。どのような特性をもっていると加害者になりやすいかという犯人捜しをするのではなく，デートDVをしないような恋愛関係を構築するためには，どのような関係性をもち，また，事前にどのような知識・態度をもてばよいのかという，予防的な研究の進展が期待される。また，デートDV研究の多くは，女性被害者に注目しているが，男性被害者についても検討していく必要がある。男性被害者は女性被害者に比べ，相談をすることに抵抗を感じ，また実際に相談しないことが明らかにされている（日本DV防止・情報センター，2008）。男性被害者が具体的な相談行動をとらないため，女性のDVはエスカレートし，男性被害者はより深刻な影響を受ける可能性がある。DVにおいて，「男性が加害者，女性が被害者」という固定観念にとらわれない研究の進展が期待される。

　ちなみに，デートDVとならんで現代の恋愛に関わる問題として取り上げられるストーカーについては，ほとんど心理学的研究が行われていない。調査対象者（つまり，ストーキングをしている人や過去にしていた人）を見つけることが困難であることが最大の理由であろうが，時に殺人事件にまで至る問題だけに，研究の蓄積が求められる。

▶ 恋愛依存傾向

　好意をもっていた異性と恋愛関係を構築することができると，その関係を重視し，その関係にとらわれてしまうことがあり，なかにはデートDVなどのような状態になっても，その関係を解消することができない者もいる。そのように恋愛関係に過剰にとらわれ，解消することに不安や恐れを感じている状態を，恋愛依存とよぶことがある。しかし，恋愛依存の定義はまだ十分に共有さ

れているとはいえない。

　岩崎（1999）は，恋愛依存症を度重なる異性関係において社会的，経済的，身体的不利益を被るにもかかわらず，中止することができない状態であるとしており，伊福・徳田（2006）はMellody, Miller, & Miller（1992/2001）がまとめた恋愛依存症者の行動や特徴をもとに，「一人でいることやパートナーがいないことに耐えられず，恋愛関係・親密な友人関係にある異性に過度に執着・依存しその人のために尽くす，あるいは見捨てられることを恐れ自己犠牲的な行動をとっている状態」と定義している。さらに伊東（2000）は恋愛依存の下位概念として，共依存，回避依存，ロマンス依存，セックス依存を設定している。

　依存にも肯定的・適応的な依存と，否定的・病的な依存があり，恋愛依存についても，過剰に恋人や親密な異性友人との関係，あるいはセックスなどに依存し，自身の生活や心身の健康を脅かしたり，周囲との関係を悪化させたりしてしまう場合は，恋愛依存症として治療の対象となる。欧米では恋愛依存症に関する研究は精力的に行われているが，日本では，伊東（2000）や岩崎（1999, 2004）が恋愛依存症の症状や背景，治療，回復の過程を示している程度である。

　このような恋愛依存症に至らなくとも，恋人との関係やセックスに依存している青年はいる。そのため，伊福・徳田（2006, 2008）は恋愛依存の程度を測定するための，恋愛依存傾向尺度を作成している。恋愛依存傾向尺度は，「精神的支え」，「恋人優先」，「独占欲求」，「セックス依存」という4下位尺度で構成されており，これらはいずれも恋愛至上主義と正の相関を示すことが明らかにされている。また，和田・水野（2014）は，アイデンティティと恋愛依存傾向との関連を検討し，男性では，「精神的支え」が高いほど，自己斉一性・連続性や心理・社会的同一性が高く，女性では，「精神的支え」が高いほど，対自的同一性や心理・社会的同一性が高いことが明らかにされている。さらに田井（2016）は，アイデンティティが低いほど「独占欲求」が高くなり，その結果，ひとりでいる時間に不安や孤独を感じるだけでなく，恋人と一緒にいると

きも自分の時間がとれないなど辛い気持ちを感じている一方，親密性が高いほど，「精神的支え」が高く，恋人と一緒にいる時間を幸せで癒されるものであると感じていることも明らかにしている。杉浦・玉井・杉浦（2015）では，アタッチメント・スタイルのとらわれ型は，他のスタイルよりも「セックス依存」が高く，恐れ型は他のスタイルよりも「精神的支え」，「恋人優先」，「独占欲求」が高いことが示されている。これらの知見から，恋愛依存傾向のうち，「精神的支え」は肯定的・適応的な依存である一方，「独占欲求」や「セックス依存」は否定的・病的な依存であることが推察される。

　恋愛依存はデート DV やストーカーなどの問題行動と関わる重要なテーマであるため，今後も注目されるテーマであると考えられる。しかし，知見を蓄積していくためには，まずは測定上の問題を解決しなければならない。国内で最も使用されている伊福・徳田（2008）の恋愛依存傾向尺度は個人の傾向を測定しているため，異性交際経験のない者やセックス経験のない者でも回答できるようになっているが，そのような者に対する教示や配慮が示されていない。たとえば「セックスをしているときだけが，唯一『生きている』という実感が得られる」のような項目に，未経験者がどこまで具体性をもって回答しているのか，あるいはそのような回答自体に意味があるのかは検討されていないのである。また，そのような異性交際・セックス未経験者も含め，この尺度において得点が高いことが，実際の行動をどの程度予測・説明できるのか，どの程度であれば恋愛依存症として対人関係や適応に問題が生じるのかなどについても明らかにされていない。このような測定上の問題が解決されることにより，恋愛依存（症）の背景にある心理的要因なども解明され，カップルカウンセリングなどの臨床分野への応用も可能になると考えられる。

▶ 失恋からの立ち直りと失恋の影響

　恋愛関係は永続的な関係ではなく，青年の多くは，恋愛関係の崩壊，つまり失恋を経験する。失恋は，時には自殺や殺人の要因ともなり得るものである。また，近年では，失恋の復讐として，交際時に撮影した相手の裸や性交時の写

真をネット上などに拡散させるリベンジポルノなども問題になっている。そのため，失恋からいかに立ち直るか，あるいは，どのように失恋からの立ち直りを支援していくかは，社会的にも重要なテーマである。なお，失恋は，恋愛関係を構築したのちに関係が終了する「離愛」と，恋愛関係の構築なしに相手への恋愛的な好意が消失した「片思い」に分類され，「離愛」は別れの主導権の観点から「自ら別れを告げた離愛」，「相手に別れを告げられた離愛」，「明確でない離愛」に細分化できる（加藤，2006）。

　失恋についても，失恋の時期や理由，主導権などの実態調査が多く行われている。たとえば，失恋は3月や9月に多く，また夕方から夜にかけて多く行われていること（栗林，2001；牧野・井原，2004）や，別れの告知方法では「直接口頭」や「電話」が多く用いられていること，別れの主導権では「自分が別れを切り出した」男性は36%であるのに対し，女性は60%であることから，女性の方が別れの主導権を有している場合が多いこと（牧野・井原，2004），などが示されている。また，別れを切り出した理由では，男女ともに「価値観の不一致」が最も多いが，男性では「他に好きな人ができた」が，女性では「相手を嫌いになった」が，多くなっており，別れる理由にも男女差があることが示唆されている（牧野・井原，2004）。さらに，髙坂（2014b）は恋人がいる大学生を対象に縦断調査を行い，1回目の調査時点（2009年5～6月）で恋人がいた192名（男性61名，女性131名）のうち，約4カ月後の2回目の調査時点（2009年9～10月）で43名（男性15名，女性28名；22.4%）が恋人と別れており，8カ月後の3回目の調査時点（2010年1～2月）でさらに23名（男性8名，女性15名；12.0%）が別れていたことを明らかにしている。つまり，約8カ月の間に恋人がいる大学生の約3人に1人は失恋を経験するといえるのである。

　失恋からの立ち直りについては，多くの青年が，およそ4カ月以内で失恋から立ち直る一方，3年以上経過しても失恋から立ち直れない者もわずかではあるがいることが示されている（加藤，2013；表2-5）。ちなみに，深見・鹿野（1985）が行った同様の調査では，「1カ月未満」で立ち直った者はほとんどお

表2-5　失恋の痛手からの回復期間（%）

回復期間	2005年		1985年	
	男性	女性	男性	女性
1カ月以内	48.6	37.4	8.2	0.0
2～4カ月	23.5	21.4	38.4	32.6
4～10カ月	11.0	18.2	20.5	16.3
10カ月～3年未満	15.4	19.3	26.0	44.2
3年以上	1.5	3.7	6.9	6.9

注．2005年は加藤（2013）より，1985年は深見・鹿野（1985）より作成した

らず，男性では「4カ月未満」が，女性では「10カ月～3年未満」が多かったことから，現代青年の方が失恋からの立ち直りは早くなっていると推測される。この失恋からの立ち直りは，悲しみのような特定の感情が徐々に低下していくような一次元的なプロセスではなく，情動的危機段階，抗議－保持段階，断念－絶望段階，離脱－再建段階という4つの段階を経るものであることが示されており（山下・坂田，2009），この段階の進行を促進する要因が検討されている。山下・坂田（2008）は，恋愛関係崩壊後の情緒的サポート源が多様である者の方が，サポート源が同性友人だけに限定されている者よりも立ち直りの状態が良好であることを明らかにしている。また，髙坂（2012）では，別れの理由として「気持ち・価値観の不一致」は失恋での傷つきや未練を低減させる一方，「相手の愛情の低下」は失恋時の失望を高めることを示している。これらのように，失恋からの立ち直りに及ぼす要因については，性差や時間の経過，別れの理由や個人の特性，恋愛関係へのコミットメントなど，多くの要因が考えられる。これらを羅列的に検討するのではなく，構造的に位置づけられるかが今後の課題であると考えられる。

　また，失恋を経験することによる青年への影響に関する研究も蓄積されている。宮下・臼井・内藤（1991）は失恋後の心理的変化を肯定的心理的変化と否定的心理的変化に分類し，肯定的心理的変化には失恋時の年齢や交際継続期間が，否定的心理的変化には交際継続期間や失恋の原因が強く影響を及ぼしてい

ることを明らかにしている。また，山口（2007）は，相手から別れを切り出された者は肯定的心理的変化も否定的心理的変化も生じている一方，自ら別れを切り出した者は否定的心理的変化が生じにくいことを示している。堀毛（1994）では，失恋から立ち直ることで，社会的スキルが向上することが明らかにされている。

　加藤（2005）は，失恋をひとつのストレス状態と捉え，失恋ストレスコーピング尺度を作成している。「未練」，「敵意」，「関係解消」，「肯定的解釈」，「置き換え」，「気晴らし」の6下位尺度で構成され，これらを高次因子分析することにより「回避」，「拒絶」，「未練」という3つの失恋ストレスコーピングを見出している。回避型コーピングは失恋後のストレス反応を低減させ，回復期間も短縮させるが，拒絶型コーピングや未練型コーピングはストレス反応を高め，回復期間を長引かせることを明らかにしている。浅野・堀毛・大坊（2010）では，回避型コーピングをすると，失恋相手との心理的な離脱が促進され首尾一貫感覚が高まる一方，未練型コーピングでは，心理的な離脱が抑制され，首尾一貫感覚が低下すること，また，拒絶型コーピングは心理的離脱を介さずに首尾一貫感覚を直接的に低下させることを明らかにしている。

　これらの研究から，失恋による肯定的心理的変化や否定的心理的変化には，失恋時の状況や別れの形態，失恋ストレスコーピングなど多様な要因が関わっていることが示されている。しかし，これらの研究はいずれも一時点的で，また回顧的な調査である。具体的な失恋に対する支援を検討するうえでも，縦断的な調査により，失恋からの立ち直りやそこで生じている心理的な変化の機序について明らかにされることが望まれる。

▶ Post-Dissolution/Dating Relationship（PDR）

　失恋により恋愛関係を解消したとしても，相手との関係が完全に切れてしまうわけではなく，時には，友人関係になることも少なくない。恋愛関係を解消した相手のことをPDRとよび，増田（2001）は，PDRを「恋愛関係終結後に同パートナー同士で継続された対人関係，特に結婚前の元恋人同士による友人

表2-6 恋人・PDR・異性友人関係における親密な行動の経験率（%）

	恋人	PDR	異性友人
冗談を言い合った	92.5	40.0	66.3
相談を聞いてあげた（聞いてもらった）	83.6	48.3	60.7
自分の趣味や関心事についてその人に話した	83.6	41.7	49.4
その人が落ち込んでいた時，慰めようとした	77.6	30.0	37.1
特別な用がないのに電話した	59.7	28.3	28.1
お金や物（CD, ノートや車など）を借りた	59.7	16.7	21.3
その人の頼み事を引き受けた	55.2	21.7	30.3
ドライブや日帰りの旅行に出かけた	46.3	10.0	18.0
会うと互いに声をかけあった	85.1	31.7	22.5
プレゼントを贈るか，贈られたことがあった	62.7	21.7	18.0
キスをしたり，抱き合ったりした	83.6	21.7	7.9
性交した	71.6	10.0	5.6

（山口（2011）より抜粋・作成）

関係」と定義している。PDRがそのまま友人関係にあたるかどうかは議論があるが，簡単に言えば，元カレ・元カノとの関係のことである。

山口（2011）は，47の行動についてPDRと恋人関係，異性友人関係との比較を行っている（表2-6）。その結果，恋人関係ではPDRや異性友人関係に比べ，ほとんどの行動が多く行われていることが示されている。また，異性友人関係では，冗談や趣味の話など言語的な行動においてPDRよりも多く行われていたが，PDRは異性友人関係よりも，キスや性交のようなより親密な行動が多く行われていることが明らかにされている。これらの結果から，恋人関係は，PDRや異性友人関係よりも交際内容のレパートリーが広いが，排他性については恋人関係と同様にPDRも高いことが示されており，PDRは恋人関係とも異性友人関係とも異なる関係性であることが示唆されている。また，山口（2013）は，PDRへの認知からPDRとの関係性を4つのタイプに分け，関係への動機づけや交際中に生じる感情，コミットメントなどの比較を行っている。

山口（2011）が示したように，PDRは恋愛関係とも異性友人関係とも質の異なる関係性である。別れた恋人と何らかの関わりを持ち続けることは，未練とも関連し，失恋からの立ち直りを遅らせるのではないかという懸念もあるが，これらについてはまだ検討されていない。PDRが，青年の対人関係全体にどのように位置づけられ，またどのような意義があるのかは，大変興味深い。

コラム2
学生は恋愛の研究ができない⁉

　私のように恋愛の研究をしていると，ゼミには，少なからず恋愛に興味のある学生が集まり，恋愛に関するテーマを卒業論文にしたいという学生も毎年います。しかし，卒論で扱いたいテーマについて話をしていても，いまいち面白い研究だと思えないことが多いのです。どうしてでしょう。

　心理学の論文は，「問題と目的」から始まります。つまり，何か困ったことや解決しなければならない"問題"がなければならないのです。しかし，恋人がいて，幸せ絶頂な学生には，この"問題"がない（見つけられない）のです。何せ今が幸せで，何にも困っていないのですから，仕方ありません。自分がしている恋愛が絶対で，最高なものなので，そこに問題を見つけられないのです。一方，今，恋人とうまくいっていない学生の場合，「どうしたらうまくいくのか」という問いを立てたがります。そこには，「今はうまくいっていないけど，恋人とは別れたくない」という思いがあるのですが，心理学的に考えた場合，別れるという選択の方が，精神的健康上，あるいは適応上，適切である場合も少なくありません。しかし，別れたくはないし，自分も恋人も悪者にはしたくない。さまざまな可能性や選択肢を考えなければならないのに，ネガティブな可能性や選択肢を最初から排除したり，見ないようにしたりしているのです。また，以前，恋人を欲しいと思っていなかった学生が，「恋人がいる人たちが，どうしてそんなに恋愛にコミットできるのかを知りたい」と言ってきたことがあります。しかし，この学生は交際をしたことがなく，"恋愛にコミットする"という経験がないので，すべて他人事で，話していることが，まるで小説やマンガのようでした。結局，このテーマは採用されず，その学生は別なテーマで卒論を書きました。

　どのようなテーマであっても，心理学の研究をするためには，「実感や経験」（主観）と「客観性」が必要だと思っています。先ほど紹介した最初の例では，「実感や経験」はあるのですが，自分の恋愛を客観的にみることができて

いないので，自分の実感に頼った視野の狭い研究になってしまいます。一方，最後の例では，「客観性」はあるのですが，実感や経験がないため，研究テーマが空想の域を出ません。

　良い研究や面白い研究をするためには，主観と客観を行き来できなければなりません。「実感や経験」に強く基づいている学生は，そのような実感や経験を広い視野をもって客観的に見つめ直す必要があります。地球上にいると，地球が丸いことも，高速で自転と公転をしていることも，なかなか気づけません。それと同様に，恋愛の渦中にいる人は，なかなか自分の恋愛を客観的にみることができないため，一面的あるいは自己中心的な研究になってしまいます。一方，「客観性」が強い学生は，一度でもそのような実感や経験ができればよいのですが，恋愛の場合，経験してみる（誰かとつきあってみる）こと自体が難しいので，そういう場合は，実際に恋愛している人たちとたくさん話をして，実感や経験をもてるような工夫が必要です。頭の中で考えていることと実際に経験することが大きく異なっていることは少なくありません。実感のない研究は，途中で挫折しやすいものです。

　私が恋愛研究を始めたのは，自分の結婚が決まってからでした。恋愛という土俵から降りる時になってようやく自分の恋愛経験を客観的にみられるようになったと思っています。指導教員としても，このようなことを考慮しながら指導していますが，「実感や経験」にしても「客観性」にしても一朝一夕でどうにかなるものではありません。恋愛に関する研究を卒業論文や修士論文でしたい人は，普段から「実感や経験」と「客観性」の両方を高めるように努めましょう。

第3章

青年期の恋愛とアイデンティティ

　青年心理学の観点から青年の恋愛を考えるうえで，アイデンティティというキーワードは無視することができない。しかし，これまで青年期の恋愛とアイデンティティとの関連を検討した研究は少なく（北原・松島・高木，2008；髙坂，2010b），理論的な検討も不十分である。そこで，本章では，青年期の恋愛とアイデンティティとの関連に関する Erikson の言及をもとに，"青年期の恋愛はエネルギーの奪い合いである"という青年期の恋愛の捉え方について論じていく。

1 Eriksonによる恋愛とアイデンティティとの関係

　大野（1995）が Erikson のアイデンティティ理論をもとに「アイデンティティのための恋愛」という概念を提唱したように，Erikson はその理論のなかで，恋愛とアイデンティティとの関連について，何度も論じており，恋愛とアイデンティティが深く関わっていることを示唆している。

　第2章との重複になるが，たとえば，Erikson（1950/1977）は，「青年期の恋愛は，その大部分が，自分の拡散した自我像を他人に投射することにより，それが反射され，徐々に明確化されるのを見て，自己の同一性を定義づけようとする努力である」と述べている。また，Erikson（1959/2011）では，「少年と少女の間には，単なる性的魅力や愛情と間違えられることの多い，ある種の

青年期的な愛着がある。社会の慣習が異性愛的行動を要求しない限り，こうした愛着は，個人のアイデンティティの定義を求める試みのために働き，果てしなく議論を続け，何を感じ相手がどう見えるのかを打ち明け合い，計画・願望・期待について話し合うことを通して行われる」と述べている。

　このように Erikson は青年期の恋愛を，アイデンティティを定義づけるための努力であるとしている。返田（1986）も青年期の恋愛の目的は，アイデンティティや自己の存在の意味を追求するためであると述べている。Erikson の漸成発達理論において，青年期の心理社会的危機が，「アイデンティティの確立 対 アイデンティティ拡散」であることから，恋愛に限らず，青年が行う活動や青年のもつ対人関係は，いずれも何らかのかたちでアイデンティティの確立に関わっている。しかし，青年期の対人関係のなかで最もアイデンティティの問題に関わっている対人関係は恋愛関係であると Erikson は指摘しているのである。そして，恋愛関係を相手のため，相手との関係のためではなく，自身のアイデンティティを定義するために用いている青年の姿は，「アイデンティティの問題を残している青年は，自分のことで頭がいっぱいで相手のことまで考える余裕，つまり相手を愛する余裕がない」（大野，2010）や「『自分は愛されたい，でも，相手に愛のエネルギーを使う余裕はない』という状況である」（大野，1999）と表される状態といえるのである。

　対して，アイデンティティが確立された成人期初期では，「親密性 対 孤独」という発達主題が取り上げられることになる。Erikson（1959/2011）は親密性について，「適切なアイデンティティの確立がされて初めて，異性との本当の親密さ（正確には，あらゆる他人との親密さ，さらには自分自身との親密さ）が可能になる」と述べている。大野（2010）も「理論的には成熟した成人は，青年期の危機を乗り越えた結果として一応統合した自分のアイデンティティの問題にはあまりエネルギーを使う必要がなく，そのほとんどを仕事や恋人，配偶者，子どもなどのために，つまり愛情として使うことができます」と述べている。

　さらに，次の段階である成人期になると，次世代を育む関心である生殖性が

発達主題となる。生殖性については,「性的に結ばれたカップルが,自分たちの関係の中に本物の性器愛を見出したか,見出しつつあると,間もなく(もし明確な希望を自覚するまで発達していたならば),二人のパーソナリティとエネルギーを統合させて,共通の子孫を生み出し育てたいと願うようになる」(Erikson, 1959/2011) と述べられている。

このようにみていくと,青年期の恋愛関係から成人期初期や成人期の夫婦関係へと関係が変化していく過程は,アイデンティティの確立の程度,言い換えれば,エネルギーをどの程度自らつくり出せるかという観点から捉え直すことができる(図3-1)。つまり,青年期は,まだアイデンティティが確立されて

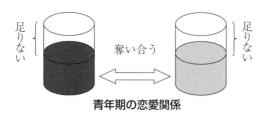

青年期の恋愛は,互いにアイデンティティ形成が不十分なため,必要なエネルギーを自分で賄うことができず,恋人から奪おうとする。

成人期初期では,互いがアイデンティティを形成できているため,自分に必要なエネルギーを自分で賄えるようになり,恋人・配偶者からエネルギーを奪う必要がなくなる。

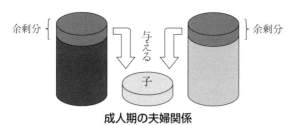

成人期では,互いのアイデンティティが確固としたものとなり,自分に必要なエネルギー以上のエネルギーを自分で賄えるようになるため,エネルギーが余る。そのため,互いの余ったエネルギーを子どものために使うようになる。

図3-1 エネルギーのやり取りからみた青年期・成人期初期・成人期の恋愛関係・夫婦関係

おらず，自身のアイデンティティを確立するための活動に必要なエネルギーを，自分では十分に，かつ安定的につくり出すことができない状態であるといえる。そのため，青年の情緒は不安定となり，気持ちが非常に高まっていたかと思えば，急激に落ち込むこともある。そのような不安定な自身のエネルギー供給を補助してくれるのが恋人である。恋人から「好きだ」，「かわいい／かっこいい」などと愛や賞賛の言葉をかけられると，恋人がもつエネルギーが青年に供給され，自信がもてたり，やる気が出たりする。この考え方は，Fromm (1956/1991) の「自分のなかに自己がしっかりあるという確信を失うと，『私は私だ』という確信が揺らいでしまい，他人に頼ることになる。そうなると，『私は私だ』という確信が得られるかどうかは，その他人にほめられるかどうかに左右されることになる」という指摘とも合致している。

　成人期初期同士のカップルであれば，両者は十分にアイデンティティが確立できており，自分に必要なエネルギーは自分でつくり出すことができる。そのため，相互にエネルギーを求め合う必要はなく，2人の関係の維持・向上，さらには結婚に向けて，両者がエネルギーを使うことができる。

　そして，成人期では，さらに両者のアイデンティティは確固とし，しかも，夫婦関係という心理的にも社会的にも安定した関係性になるため，関係の維持・向上にさえエネルギーを多く使う必要はなくなってくる。そのため，両者のエネルギーは余ることになり，この余ったエネルギーをもって，子どもを育てるなど，次世代の育成に関心とエネルギーを向けることができるようになるのである。

　このように，青年期は自分にエネルギーを注ぎ，成人期初期は関係にエネルギーを注ぎ，成人期では次世代（子ども）にエネルギーを注ぐようになるといえるのである。

2 エネルギーで捉える青年期の恋愛

▶ 青年期の恋愛はエネルギーの奪い合いである

　青年期の恋愛関係から成人期初期や成人期の夫婦関係への変化を，両者のアイデンティティ形成という観点からみると，それはエネルギーを向ける対象の変化であると言い換えることができる。このように考えた場合，青年期の恋愛はどのように捉えることができるであろう。

　繰り返しになるが，青年はアイデンティティ形成の途中にあり，自分で必要なエネルギーを十分に，かつ安定的に供給することができない。それを補助・補強するのが恋人の存在である。恋人から愛の言葉をかけられたり，ほめられたりすると，恋人のもつエネルギーが自分に注ぎ込まれ，自信ややる気をもてるようになる。青年にとって恋人とはエネルギーの供給源なのである。

　このように考えると，「アイデンティティのための恋愛」（大野，1995；表2-3）も説明が可能となる。「①相手からの賛美・賞賛を求めたい」は，エネルギーの供給源である恋人から，エネルギーを供給してもらおうとする直接的な欲求・願望である。青年は恋人からほめてもらうため，恋人が好むような髪型，服装，振る舞いをするようになる。ちょっとした変化であっても「この髪型似合う？」，「今日の服装どう？」と尋ねる。もちろん，これらの質問は，本当に髪型や服装の良し悪しを尋ねているわけでも，似合うかどうかを尋ねているわけでもなく，「いいね」，「似合っているね」という賞賛の言葉を求めているのである。もちろん直接的に，「私のこと好き？」「オレのどこが好き？」と愛や賞賛の言葉を求めることも少なくない。このように相手から賛美や賞賛の言葉をもらうためには，自分が賛美・賞賛の言葉を受けるに値する状態であるのかを常に確認しておかなければならない。もし自分が恋人から賛美・賞賛を与えられない状態であれば，それは恋人からエネルギーが得られないことを意味し，そのことはそのままアイデンティティが不安定になることにもつながっている。そのため，「②相手からの評価が気になる」のである。

また,「②相手からの評価が気になる」は,相手がちゃんと自分に関心・好意を向けていることを確認する意味もある。エネルギーの供給源である恋人の関心が自分から離れ,ましてや自分以外の異性にエネルギーを向けるようになると,自分に向けられるエネルギーが減少・消失してしまい,自信もやる気も失ってしまう。せっかく手に入れたエネルギーの供給源を簡単に手放すわけにはいかないため,「④相手の挙動に目が離せなくなる」のである。具体的には,メールやLINE,電話で恋人が今,どこで,何をしているのかを常に確認したり,いつでも恋人と一緒にいようとしたり,携帯電話をチェックして,他の異性と連絡をとっていないか,自分に隠していることはないか,確かめたりするのである。恋人を自分の目の届く範囲に置いておこうとして,恋人の対人関係を制限することもある。これらは過剰になればデートDVにも含まれるような行動であるが,エネルギーの供給源を失い,アイデンティティが不安定になることを防ぐための対処行動であるともいえるのである。

　では,時には相手の行動を制限してまで相手を独占・占有した青年が,恋人からたくさん愛や賞賛の言葉を向けられると,満足するかといえば,必ずしもそうではない。一方的にたくさんの愛や賞賛の言葉が向けられると,もともと持っていた自分のエネルギー量以上に相手のエネルギーが自分の中に入ってくる。自分の心の中なのに,満ちているのは恋人（いわば他人）からもらったエネルギーであるため,自分の心が他人に侵入・占領されたように感じ,自分らしさを感じられず,身動きも取りにくくなってしまう（図3-2）。このような現象を臨床心理学では「呑み込まれる不安」とよび,青年たちは「相手の気持ちが重い」と表現する。恋人からもらうエネルギーはあくまで自分のエネルギーの補助・補強であるため,恋人からもらったエネルギーの方が多くなってしまうと,「③呑み込まれる不安を感じる」のである。

　このように,恋人からエネルギーをもらおうと,恋人の評価を気にし,賞賛を求めたり,恋人が離れていかないよう,挙動を気にしたり,エネルギーをもらったらもらったで,「重い」と呑み込まれる不安を感じる。このような恋愛は周囲からみても,また本人自身も大変な恋愛であり,そのため,結果として

長くは続かないのである。しかし，長く続かない理由は，本人だけの問題ではない。

　恋人がエネルギーのあり余っているような，アイデンティティの確立した大人であればよいが，青年の恋人の多くはやはり青年である。つまり，自分もエネルギーの自己供給が不十分・不安定であるが，恋人もエネルギーの自己供給が不十分・不安定である。自分もエネルギーは欲しいが，恋人もエネルギーが欲しいのであり，自分だけが恋人からエネルギーをもらい続けるわけにはいかないのである。「私のこと好き？」と尋ね，「好きだよ」とだけ言ってもらえばよいが，そこで終わらず「じゃあ，お前はオレのこと好き？」と聞き返される。これは，「こっちはエネルギーあげたんだから，そっちもエネルギーをくれ」と言っているのである。時には，ほめてもらったりするために，事前にお弁当をつくったり，プレゼントを用意するような，先行投資をする場合もある。青年期の恋愛の多くは，このようなエネルギーのやりとりを目的としたコミュニケーションに終始しているのである。

　自分だけではなく，恋人もエネルギーを欲しているとなると，エネルギーの自己供給が不十分・不安定な青年は，いかに恋人からエネルギーをもらい，自分はエネルギーを与えないかが重要になってくる。自分は相手のことを好きと

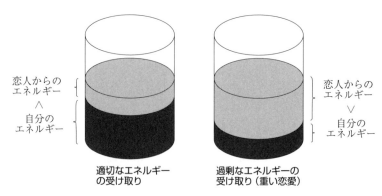

図3-2　適切なエネルギー受け取りと過剰なエネルギー受け取り

言わず，相手からは好きと言って欲しいという心理である（大野，1999）。しかし，恋愛関係を維持している以上，相手からエネルギーをもらい続け，自分は相手にエネルギーを与えないというこ

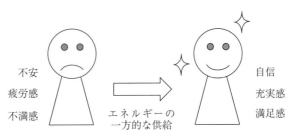

図3-3　エネルギーの一方的な供給による感情の対比

とは困難である。そのため，好む好まざるにかかわらず，両者が不十分なエネルギーをもらったり，与えたりすることになるが，多くの場合，一方がもう一方のエネルギーを取りすぎるため，もう一方はエネルギーが枯渇し，疲れ，恋愛関係が崩壊することにつながるのである（図3-3）。

このように，青年同士の恋愛は，お互いがいかに恋人にエネルギーを与えずに，恋人からエネルギーをもらおうとしている関係であるといえ，まさに"エネルギーの奪い合い"という状態であるといえるのである。

▶ **エネルギーとは何か**

青年期の恋愛はエネルギーの奪い合いであると述べてきたが，では，このエネルギーとは何なのか。この点について，Erikson（1959/2011など）や大野（2010など）は明確に述べていない。しかし，Erikson（1959/2011）では，以下のように述べている箇所がある。「これまで，成人の自我発達の心理・社会的な進歩について，親密さ，ジェネラティヴィティ，インテグリティといった用語を用いて，それぞれの特徴を明らかにした。それらは，青年期以降の発達における，親密なかかわりあいへのリビドー備給，親になるためのリビドー備給，その他の形で何かを『生み出すこと』へのリビドー備給，そして，最後に，最も統合的な経験とその生涯全体から生み出される価値へのリビドー備給を示している」。この箇所から，Erikson（1959/2011など）や大野（2010など）が述べており，青年が恋愛関係において恋人と奪い合っているエネルギーと

図3-4　自我リビドーと対象リビドー

は，リビドーであると考えられる。

　リビドーとは，Freudが提唱した性的エネルギーであり，増大減少する量的な概念として捉えられている。また，リビドーが自己や対象表象などに振り向けられたり，固着したり移動したりすることを備給とよび，物理学でいうエネルギー保存の法則的な考え方ができるエネルギー経済論的概念としても扱われている（吉澤, 2004）。リビドー備給の観点からみると，リビドーは自我に向かう自我リビドー（自己愛的リビドー）と，外界対象に向けられる対象リビドーに大別される（図3-4）。この際，自我リビドーと対象リビドーは，一方が増加すると他方は減少する関係にあり，恋愛関係において，リビドーの主要量が対象リビドーに移行すると，自我リビドーはその分減少するのである（森崎, 2004）。つまり，恋愛関係とは，自我に向けるリビドーの量を減らし，対象（恋人）に向けるリビドーの量が増えている状態であるということができる。

　では，恋人から対象リビドーを向けられると，向けられた側はどのように感じるのであろうか。この点については，Freudなどは十分に論じていないが，Freudやそれ以降の研究者の自己愛に関する議論からある程度推測ができる。

　乳幼児期では，精神内界と外界とが区別されていないため，リビドーは自己や自分の身体に向かって備給される。これは一次的自己愛的リビドーとよばれるが，徐々に自他の区別が可能になるにつれて，リビドーも自己だけではなく，他者に向けられるようになる。対象リビドーの量が増加し，対象愛が形成されるに伴い，自我リビドーは減少し，自己愛傾向も低減していくのである。しかし，自我は，外界との間で葛藤が生じると，対象リビドーを自我に撤収し，特に精神病者では，一度撤収されたリビドーは対象に戻れなくなり，二次的自己愛が生じるようになる（森崎, 2004）。Freudは，自己愛を幼児的なも

のか病的なものとして扱っているが，Federn（1929）は，「人間には，その精神生活を安全に，しかも楽しく営むうえで，必須の健康な自己愛というものがある。むしろ，健康な自己愛の満足は，全ての精神活動のエネルギー源」であると述べている。特に，「第二の分離－個体化」（Blos, 1962/1971）が課題となる青年期では，親からの心的エネルギーが撤去されるため，リビドーを自己に備給することで，自身の精神活動のエネルギー源を賄わなければならない。そのため，青年期には自己愛が高まるのである。

　Freud が扱った病的な自己愛と Federn（1929）が論じた健康的な自己愛という区別は，他の研究者でもみられている。たとえば，Pulver（1970）は，健康な自己愛は防衛的ではない自尊感情と関連し，不健康な自己愛は好ましくない自己評価に対して自分自身を防衛する防衛的プライドに関連していると述べている。また，Fromm（1964/1965）は，良性型のナルシシズムは，努力の結果を対象としているのに対して，悪性型のナルシシズムは，肉体・容貌・健康・富など「所有する」ものを対象としているとしている。このように，青年期において親の心的エネルギーの撤去によるエネルギー不足を賄うために，自我リビドーが備給されることによって生じる健康的な自己愛は，精神活動のエネルギー源であり，自尊感情を感じ，自己の努力に目を向けることができるようになるのである。

　自己愛に関するこれらの知見を対象愛，恋人から対象リビドーを向けられた状態に置き換えると，恋人からの対象リビドーは，精神活動のエネルギー源となり，自尊感情も感じ，努力に目を向けることができるようになると考えられる。つまり，恋人から愛されることによって，自信がもて，やる気も出て，努力しようと思えるようになるのである。アイデンティティが未確立で，必要なエネルギーを自分で十分賄えず，しかも，親からのエネルギー供給も減少している青年にとって，恋人から向けられる対象リビドーは，アイデンティティ形成などの精神活動に必要なエネルギーであるため，恋人からいかに多くのエネルギーを奪い取れるかが，恋愛関係において重要なのである。

　ちなみに，大野（2010）は，青年期において，男性は自身の問題に9のエネ

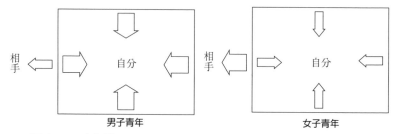

図3-5　青年期におけるエネルギー使用（リビドー）の男女の違い
（大野（2010）より作成）

ルギーを，相手に対しては1のエネルギーしか使わないのに対して，女性は自身の問題にも相手にも同じ程度エネルギーを使っていると，エネルギーの使用（リビドー備給）に関する男女差について論じている（図3-5）。このようなエネルギーの使用の男女差については，これまで十分な議論がされてきていないが，恋愛関係においてさまざまな点で男女差が指摘されていることを考慮すると，このようなエネルギーの使用の男女差についても検討する必要があると考えられる。

▶ なぜ恋愛関係なのか

　これまで青年期の恋愛は"エネルギーの奪い合い"であることを説明した。では，この"エネルギーの奪い合い"は親子関係や友人関係では生じないのであろうか。

　まず，親子関係では，すでに述べたように，親自身のエネルギーが余ることにより，子どもを含めた次世代の育成にエネルギーが向けられるようになる。親子関係でいえば，それは無償の提供であり，奪い合いというような双方向的なものではない。子どもは親からのエネルギーを受けて，さまざまなことに挑戦をしたり，努力したりするのである。しかし，それも乳幼児期や長くても児童期までのことである。徐々に心理的離乳や「第二の分離－個体化」が生じるなか，子どもに親のエネルギーは届かなくなり，また，子どもも親からのエネルギーを欲しなくなる。それはちょうど親が中年期に入り，親自身のアイデン

ティティの見つめ直し・再構築が行われる時期と一致する。親は再び自己の問題に取り組まなければならず，子どもにエネルギーを与えている余裕が，以前よりはなくなってしまうのである。このように子どもの成長・自立の時期と親のアイデンティティの再構築の時期が重なり，子どもは親からエネルギーをもらわなくとも，何とかやっていけるようにならなければならないのである。

　では，友人関係はどうであろうか。友人から賞賛の言葉をもらったり，励ましてもらったりすることは珍しくない。そのような言葉を嬉しいと思い，自信になったり，がんばろうと思うことは，誰もが経験することである。それでも，友人関係では"エネルギーの奪い合い"は生じていないと考えられる。Blos（1962/1971）は青年期前期の友人関係選択を，自己愛型対象選択とよんでいる。青年期前期では，友人を自分自身の延長のようにみなしてしまうような関わり方をし，そのような関係のなかで，青年は友人の価値観や理想を，あたかも自分のものであるかのように感じるようになるのである。このような関わり合いのなかで，自分でも納得して受け入れられる行動の基準として自我理想が形成されるとされている。この自我理想が確実なものとなることで，自分と相手（友人）は別々の存在であるということが受け入れられ，また，内的な葛藤や衝動にも対処でき，情緒的な安定がもたらされるのである。Kroger（2000/2005）も，仲間グループからのフィードバックは「多様な行動の試みと自己定義の多様な可能性がテストされるような，自己に対する鏡を提供する」と述べている。この指摘も，友人関係との関わりのなかから，行動の準拠枠を形成しようとしている青年の姿を示しているのである。このように，友人は，親という土台を失った青年が最初に頼る存在であり，友人との関わりのなかで，新たな土台を青年自らつくり上げていくのである。そして，この土台に立って，青年は異性関係を含めた多様な社会的関係に踏み出していくのである。つまり，青年期（特に青年期前期）の友人関係は，失った親からのエネルギーを青年自身の自我リビドーで補おうとする際に，自分一人では頼りないために，倒れないように寄り集まっている関係であり，Blosが指摘するように，自己愛的な関係なのである。そこでは，互いに支え合った仲間意識（友情）が

生じることがあっても，友人にエネルギーを与えている余裕はなく，互いがエネルギーを奪い合うほどのコミットメントを友人にはしていないのである。そのため，友人関係では夫婦関係や恋愛関係のような"悲しき予言の自己成就"が生じることもないのであろう（金政, 2013）。

もちろん，リビドー自体が，性的なエネルギーであり，性器期（青年期）では，その関心が性器と生殖に向かうとされているため，同性に対してリビドーが備給されないとも考えることができる。また，友人関係は恋愛関係のような一対一の関係ではないため，エネルギーを与えることができたとしても，友人ひとりひとりに提供できるエネルギーは微々たるものになってしまっているため，実感としてはエネルギーを受け取っていないと感じられているのかもしれない。いずれにしても，恋愛関係のような強いコミットメントがない友人関係においては，エネルギーの奪い合いが生じていないと考えられるのである。

3 さまざまな恋愛現象と恋愛のエネルギー論

青年期の恋愛関係は，自分のリビドーは自分に向けたまま，恋人のリビドーをいかに自分に向け，より多くの精神活動のエネルギーを得るかということが焦点となる"エネルギーの奪い合い"であることを論じてきた。また，"青年期の恋愛はエネルギーの奪い合いである"と捉えることで，「アイデンティティのための恋愛」（大野, 1995）の5つの特徴も説明できることも示した。

では，"青年期の恋愛はエネルギーの奪い合いである"と捉えることで，他の恋愛現象も説明できるのであろうか。Van Lange（2013）は良い社会心理学理論が備えているものとして，①真実性（研究者による個人的な信念や妄想ではない），②抽象性（少ない原理で多くの現象を捉えられる），③発展性（今までわからなかったことを説明している），④応用可能性（日常生活を的確に描写している）の4点をあげている。これら4点は社会心理学に限らず，どの領域の理論であっても有すべき点である。そこで，①真実性については，のちに検討するとして，まず②抽象性，③発展性，④応用可能性について，さまざ

な恋愛現象が"青年期の恋愛はエネルギーの奪い合いである"という捉え方で説明できるかどうかを検討することで，確認したい。

▶ 魅力的な異性

　恋愛は，相手のことを好きになること，また自分を好きになってもらうことから始まる。異性から好きになってもらいたい，言い換えれば，モテたいという気持ちは，多くの青年がもっているが，そのようなすべての青年がモテるわけではなく，異性に好かれるような魅力をもつ者はある程度限られている。では，そのような魅力的な青年とはどのような人物であろうか。

　第一学習社（1991）が高校生に「理想の恋人」を尋ねたところ，男子の回答では，①やさしい人（77.6％），②明るい人（58.6％），③容姿のよい人（41.1％）が，女子の回答では，①やさしい人（63.9％），②楽しい人（50.3％），③明るい人（33.9％）が，それぞれ上位となっている。また，大野（1989）が女子短大生を対象に理想的異性像を尋ねたところ，「頼りになる人」，「思いやりのある人」，「一緒にいてあきない人」，「心の広い人」，「自分の考えを持っている人」が高得点（1～5点の幅で4.70点以上）を示した。マクロミル（2009）が実施した調査では，結婚相手を選ぶときに重視する条件として，男性は①フィーリング・相性，②優しさ，③誠実さ，をあげ，女性は①フィーリング・相性，②誠実さ，③収入・経済力，をあげている。第1章でも紹介したクロス・マーケティング（2015）の調査でも，優しさや誠実さが上位にあげられている。

　これらの調査結果で共通しているのは，「優しさ・思いやりがある」，「明るい・楽しい」，「誠実さ」，「頼りになる・心が広い」などの特徴が，理想の恋人・結婚相手の条件としてあげられていることである。いずれも社会的に望ましい特性であり，これらの特性をもっている者が魅力的とされるのは理解できる。では，「なぜ優しい人は好かれるのか？」とさらに踏み込んで問われると，なかなか答えるのが難しい。しかし，"青年期の恋愛はエネルギーの奪い合いである"と捉えれば，答えは簡単である。優しい人・思いやりがある人は，エネルギーに余裕があり，自分にエネルギーを与えてくれそうな人だから

である。自分のことを気にかけ，愛や賞賛の言葉をかけてくれ，決して傷つけない。そのような人は，自分にエネルギー（リビドー）をたくさん向けてくれることが期待できる。青年期の恋愛は，いかに相手からエネルギーを奪い取るかが重要であり，そのためにさまざまな戦略やテクニックが必要となることも少なくない。しかし，恋人が「優しい・思いやりがある」というパーソナリティの持ち主であれば，そのような戦略やテクニックを用いなくとも，つまり，こちらがエネルギーをほとんど使用しなくとも，相手がエネルギーを与えてくれることが期待できるのである。そのため，「優しさ・思いやりがある」という特性は好まれるのである。

同様に，「明るい・楽しい」は，エネルギーをたくさんもっていそうな人であると考えられる。エネルギーの量は個人によって差があり，当然であるが，エネルギーを多くもっている者の方が少ない者よりも，たくさんのエネルギーを与えてくれると推測される。そして，明るい，楽しい，社交的，面白いなど，外向的で活発な者ほど，エネルギーを多くもっているように感じられるため，魅力的にみえるのである。児童期後期や青年期前期のように，まだ他者の内面や特性について十分に把握することができない時期では，外見や行動に着目して，エネルギーの多寡を推測せざるを得ない。そのため，このような時期に，スポーツに積極的に取り組んでいる者や学級委員・生徒会長のような目立つポジションにいる者，クラスメイトを笑わせたりする者に対して，憧れや魅力を感じるのは，やはりこのような者ほど，エネルギーを多くもっていそうにみえるからである。「明るい・楽しい」という表現には合致しないが，いわゆる不良のような，他者を威圧したり，ケンカをしたり，教師に反抗したりしている者が，青年期前期において憧れや好意の対象となるのも，このような者たちは，エネルギーがたくさんありそうにみえるからである。

「誠実さ」はエネルギーの多寡の問題ではなく，どの程度確実に自分にエネルギーを向けてくれるかという点に関する特性である。誠実でまじめな者を恋人にすることができた場合，他の異性に関心を向けることなく，自分だけにエネルギーを向けてくれることが期待できる。反対に，いいかげんな人や嘘をつ

く人は，他の異性にエネルギーを向ける危険性が考えられ，自分勝手な人は，自分のためだけにエネルギーを使い，こちらにはエネルギーを与えてくれない不安がある。そのような危険性が少ない特性として「誠実さ」があげられるのである。

　最後の，「頼りになる・心が広い」，あるいは大野（1989）にある「自分の考えを持っている人」などは，まさにアイデンティティが確立し，自分のエネルギーは自分で供給でき，エネルギーに余裕があると感じられる人である。もともと青年は年上の異性に対して魅力を感じやすく，男性の86.0%，女性の97.0%は，恋人の理想の年齢を，同年齢以上であるとしている（オーエムジー，2001）。また，近年，20代女性が40代（あるいはそれ以上の）男性に強く魅力を感じているという指摘もある（大屋，2009）。このような年上を恋人にしたいという気持ちの背景には，自分よりもアイデンティティが確立しており，エネルギーに余裕のある人から，エネルギーを分け与えてもらいたいという思いがあると考えられる。

　このように魅力的とされる特性は，いずれもエネルギー論から説明できるが，人が恋に落ちる理由は，必ずしも相手の特性だけに規定されるわけではない。たとえば，齊藤（2006）は，人を好きになる自己要因として，自身の自己評価が低下している時をあげているが，これも自分はエネルギーが少ない状態にあるため，そのような時に優しく声をかけてくれたり，励ましてくれたりするような人は，エネルギーをもっていて，自分にエネルギーをくれる人であると推測してしまい，好意をもってしまうのである。恋人との恋愛関係がうまくいかずに落ち込んでいる時に，そのことを異性の友人に相談しているうちに，その異性の友人のことが好きになるという話はよく聞くが，これもこのようなメカニズムが働いていると考えられる。言い換えれば，好きな異性から好かれたい場合，その異性が落ち込み，自信をなくしている時に，優しく声をかけたり励ましたりして，その異性にエネルギーを与えると，相手も好意をもってくれる可能性があるのである。

▶ 告白に伴う心理現象

　特定の対象に魅力を感じ，好意をもったなら，親密になるために遊びに誘うなどの行動をとり，いよいよとなれば，恋愛関係に進展するために告白をすることになる。好意を抱いている相手に直接好意を伝え，交際を申し込むことは，恋愛行動のなかでも一大イベントといえるほど重要なものであり，山田（1991）の調査では，「相手に告白され，自分の中で好きだという気持ちがはっきりした時」や「告白し，相手から好きだという返事をもらった時」が，「相手を恋人だと意識する時点」であると回答する者が過半数に達している。

　好意を抱いた相手と恋愛関係になれるか否かが関わる重要な行動であるため，告白をする際には，強い緊張感（ドキドキ）や不安感が生じる。そして，告白を受け入れてもらえたときには，すっきりし，受け入れられなかったときには，落ち込む。いずれにしても，肩の力が抜けるような脱力感が告白後には生じるのである。「ハンバーグが好きだ」，「あの俳優が好きだ」というときには，このような感情状態にはならない。相手が好意を抱いた異性であるからこそ，このような感情状態になるのである。

　では，どうしてこのような感情状態になるのか。それは，この「好きだ，つきあってください」という告白の言葉に，自分のエネルギーを乗せて，相手に伝えているからである。前項（魅力的な異性）でも述べたが，青年にとって魅力的な異性とは，エネルギーをもっている（もっていそうな）者である。自分は相手に魅力を感じた，つまり，エネルギーをもっていると感じたとしても，相手が自分をそのようにみてくれているとは限らない。事前にどれだけ仲の良い関係がつくれていたとしても，改めて"エネルギーを奪い合う"関係である恋愛関係になるためには，自分には相手に与えるだけのエネルギーがあることを示さなければならない。その場面こそが告白なのである。

　そのため，相手は自分のエネルギーを受け入れてくれるのか，相手が受け入れようと思うくらいエネルギーがあると評価されるのか，という思いが，緊張感や不安感を生み出すのである。そして，自分のエネルギーを告白の言葉に乗せて差し出しているため（自分のエネルギーを消費しているため），結果の如

何にかかわらず，何とも言えない脱力感が生じるのである。

　一方，告白を受ける側は，その告白を受け入れ，恋愛関係になるか，それとも告白を拒否するかの選択をすることになる。告白の言葉にエネルギーが乗っていると言っても，その一点をもって告白を受け入れるわけではないのが，告白の難しいところである。もちろん，告白の言葉に込められたエネルギーが少なかったり，逆に多すぎる（重すぎる）場合もあるだろうが，告白を受けた側は，それに加え，相手の外見や社会的条件（職業や経済力など），これまでの相手との関係性，告白された雰囲気など，さまざまな要素を考慮して判断を下すことになる。そういう意味では，エネルギー論で説明できるのは，告白する側の感情状態であり，告白を受ける側や告白の成否についての説明は困難である。

　そうであるとしても，少なくとも告白は，自分には相手に与えるだけのエネルギーがあることを示す機会であるため，やはり直接会って，自らの口から伝える方が，エネルギーは相手に伝わりやすいと考えられる。対して，メールやSNSのメッセージ，LINEなどは，気軽に使えるツールであるため，このような機能を用いて告白する者もいる。気軽に使えるということは，その分，そのメールやメッセージには，自分のエネルギーが乗っていないため，直接会うよりも，エネルギーの消費が少なく，感情の起伏は小さくなる。しかし，そのような方法では，エネルギーが乗っていないため，相手に自分がエネルギーがあることを示すことができなかったり，エネルギーがあるように装うことができなかったりするため，直接会って告白するよりも，拒否される可能性も高まるかもしれない。

　第2章でも述べたが，告白はそもそも戦略的に行わなければならないものであるため，告白する際には，自分には相手に与えるエネルギーが十分にあることをしっかりとアピールできるような方法を用いるべきなのである。

▶ 青年期の浮気と成人期以降の浮気

　浮気とは「配偶者・婚約者などがありながら，他の異性に気がひかれ，関係をもつこと」（大辞泉）であるが，恋愛関係でも，恋人以外の異性に気がひか

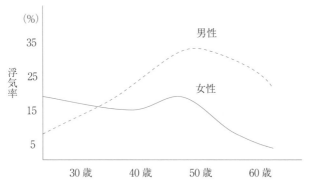

図3-6 アメリカにおける浮気率の年齢による推移 (Greeley (1994) より作成)

れ，関係をもつことは浮気とよばれる。また，他の異性にどの程度気がひかれ，またどのような関係をもつと浮気となるのかという，浮気の判断基準については，男女差や自分がするのか相手がするのかで異なっていることが指摘されている（菅原，2006）。さらに，どこからが浮気であるかを明確に定義することは困難であるが，一般的には，キス以上の性的行為を行ったり，そのような性的行為をすることが推測されるような行動（「2人だけで一泊以上の旅行に行く」など）を行うと，浮気と判断されやすいことが示されている（牧野，2011）。

浮気については，一般的に男性の方が女性よりも浮気をすると考えられている。たとえば，アメリカの調査では，生涯を通じて，男性の20～40％，女性の20～25％が浮気（婚外性交）をすると報告されており（Whisman & Snyder, 2007），また，アメリカの大学生でも，真剣な交際をしているなか，男性の約50％，女性の約30％が浮気（性的行為）をした経験があると回答している（Wiederman & Hurd, 1999）。さらに，アメリカの大規模調査 General Social Survey によると，既婚者のうち，30歳以下では女性の方が男性よりも浮気経験率が高く，30歳以上では，男性の方が女性よりも高くなることが明らかにされている（Greeley, 1994；図3-6）。

一方，日本人の浮気経験については，船谷・田中・橋本・高木（2006）によ

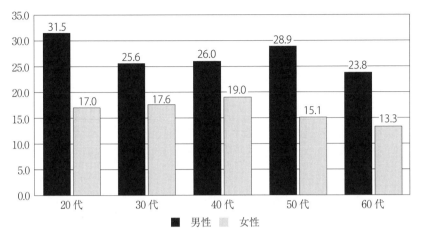

注. 結婚相手・交際相手がいる者のうち,「そのお相手以外にセックスする相手はいますか」という問いに対して,「特定ではないが, その相手以外ともセックスしている」,「複数の相手がいる」,「特定の相手が1名いる」のいずれかに回答した者の割合の合計

図3-7 結婚相手・交際相手以外の性交相手がいる割合(%)
(相模ゴム株式会社(2013)より作成)

ると，大学生男子の19.7%，女子の22.5%は浮気経験があることが示されており，また牧野(2012)では，恋愛経験のある大学生・短大生のうち，男子の16.3%，女子の18.4%は浮気経験があることが明らかにされている。さらに，相模ゴム株式会社(2013)が1万4100名を対象に行った調査では，20代～60代の恋人や配偶者がいる人のうち，21.3%は，特定・不特定の相手と浮気(セックス)をしていることが明らかにされている。性・年代別にみると(図3-7)，男性では，20代が31.5%と，すべての性別年代をとおして最も多く，30代(25.6%)，40代(26.0%)と減少するが，50代になってやや増加し(28.9%)，60代(23.8%)で，最も少なくなっている。一方，女性では，20代(17.0%)，30代(17.6%)と上昇し，40代(19.0%)でピークを迎え，50代(15.1%)，60代(13.3%)と減少していくことが示されている。

このように浮気の定義が曖昧であるため，各調査における浮気の定義や質問の仕方，年代，既婚者(夫婦関係)か未婚者(恋愛関係)か，などによって，

男性の方が浮気経験が多い場合もあれば，女性の方が多い場合もあるため，一概に，男性の方が浮気をしているとは言いがたい状況にある。

いずれにしても，一対一の関係を前提とする恋愛関係・夫婦関係において，浮気はしてはならない行為であるとされている。にもかかわらず，浮気をする要因として，加藤（2009）は，夫婦関係における浮気に関する研究をまとめ，浮気をする人個人の要因と夫婦関係・夫婦生活という関係の要因に大別している。個人的要因としては，①個人のパーソナリティ，②結婚前の交際状況，③結婚年齢，④虐待経験，⑤避妊しない，の5つがあげられており，関係的要因としては，①結婚生活への不満，②妊娠，③パートナーの浮気，の3つがあげられている。

加藤（2009）がまとめた浮気に関する知見は，アメリカの研究結果であり，また夫婦関係における浮気に関するものであるため，そのまま日本の青年の恋愛関係における浮気に当てはまるかどうかは慎重でなければならない。また，アイデンティティが確立されている30代以降における浮気と，アイデンティティが未確立な青年期における恋愛関係の浮気を，同じメカニズムで論じることも適切ではない。

"青年期の恋愛はエネルギーの奪い合いである"という捉え方に立てば，青年期の恋愛の目的は，アイデンティティ形成のための精神活動のエネルギーを恋人から得ることであり，恋人は最大のエネルギー供給源である。そのようなエネルギー供給源をもっているにもかかわらず，浮気をする理由はただひとつ，恋人がエネルギー供給源となっていないからである。恋人が愛や賞賛の言葉をかけてくれない，自分のことを気にかけてくれないなど，恋人からエネルギーをもらえている実感がもてない時，近くにエネルギーをもっている（と思われる）異性をみると，つい近づいてしまうのである（図3-8）。それでも，恋人はいずれエネルギーを供給してくれるかもしれないし，また浮気相手と恋愛関係になれるかどうかもわからないため，恋人とは別れずに，浮気関係を継続してしまうのである。立場を変えれば，浮気をされるのは，浮気をされた側が，相手にエネルギーを与えていないからであって，もちろん浮気をする側に

第3章　青年期の恋愛とアイデンティティ

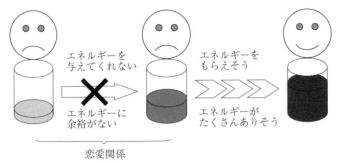

図3-8　青年期における浮気のメカニズム

図3-9　成人期以降における浮気のメカニズム

も問題はあるが，浮気をされた側も相手との関わり方を改めた方がよいといえる。

　一方，先ほど述べたように，アイデンティティが確立している30代以降の男性について，恋人（あるいは配偶者）がエネルギーをくれないから浮気をすると理解するのは，無理がある。30代以降の男性は，アイデンティティが確立し，仕事もある程度自分のやり方ができ，慣れもある。夫婦関係も10年，20年と続き，子どもも大きくなり，手がかからなくなっている。良い意味で，安定した日々を過ごしているため，エネルギーはあり余っているのである。そのような余ったエネルギーを趣味などに活用できている場合は良いが，そのような趣味もない場合，エネルギーの不十分な異性に，自分のエネルギーを与えようとして，浮気をするのである（図3-9）。夫婦問題調査室（2012a）

によると，不倫・浮気経験のある30代男性の理想の浮気相手の年齢で最も多かったのは20代であり，同年代（30代）を合わせると，92.0％になっている。このように，自分の余ったエネルギーの提供先として，同年代以下の相手，つまりはアイデンティティ形成が不十分で，自らのエネルギーを十分に賄えていない者を選ぼうとしていることがうかがえる。

　一方，女性は男性ほど単純ではない。先ほどの夫婦問題調査室（2012a）でも，不倫・浮気経験のある30代女性の理想の浮気相手の年齢で最も多かったのは同年代（30代）であり，40代，50代と年上が続いている。また実際に不倫中の20代・30代女性の不倫相手は，71.0％が年上であり，同じ年齢を合わせると，87.5％になる（夫婦問題調査室，2012b）。このように女性は浮気・不倫の相手として年上を選択する傾向にあるが，これは男女のアイデンティティ確立におけるエネルギーの使い方の違いであると考えられる。大野（2010）が指摘するように，男性は青年期において，自分の問題に9のエネルギーを使い，恋人に対しては1のエネルギーしか使わない。その分，十分にアイデンティティの主題に取り組み，解決したことにより，成人期以降は，自分に対してそれほどエネルギーを使うことなく，恋人・配偶者や子育てなどに多くのエネルギーを使うことができるようになる。対して女性は，青年期において，自分のアイデンティティと恋人に対して5対5のエネルギーを使い，アイデンティティの主題と親密性の主題を同時進行させるか，時には，親密性の主題を優先させるような場合もある。青年期において，親密性の主題を優先し，アイデンティティの主題に十分に取り組まなかったため，成人期や中年期になっても，アイデンティティの主題に幾度となく取り組まなければならず，その度に精神活動のエネルギーが必要となるのである。しかし，長年連れ添った夫は，そのような女性に対してエネルギーを向けることが少なくなるため，女性はエネルギーを求めて，より年上の，エネルギーの余っている男性を求めるのである。

▶ その他の恋愛現象・恋愛言説

"青年期の恋愛はエネルギーの奪い合いである"というように，恋愛をエネルギー論で考えることによって，アイデンティティのための恋愛だけでなく，魅力的な異性や浮気などについても説明が可能であることをみてきた。これら以外にも，エネルギー論で考えることによって，理解・説明可能な恋愛現象や恋愛言説は存在する。

排他性規範 恋愛には，「一対一でなければならない」という排他性規範が存在する。もちろん，現在の日本は，一夫一婦制をとっているため，「夫婦関係は一対一でなければならない」というのは法的な制約のある規範である。しかし，恋愛関係については，法的な制約は存在しないため，必ずしも一対一である必要性はないが，現代の青年の間でも，排他性規範は根強く信じられており（卜部，2002），そのため，浮気も問題視されるのである。

排他性規範は，生物学的あるいは社会制度的に考えれば，生まれてきた子どもが誰の子どもであるかを確信づけるために必要なことである。DNA鑑定ができなかった近代以前であれば，パートナーの女性が生んだ子どもが自分の子どもであると男性が確信をもつ唯一の方法は，女性が自分以外の男性と性交をしていないという事実以外にあり得ない。その事実をもって，男性はその子どもを自分の子どもとして育て，社会もその子どもはその男性の子どもであると認定するのである。

青年期の恋愛関係においても，性交は行われるが，生殖（子どもをつくること）を目的として行われているわけではない。そのため，青年期の恋愛関係における排他性規範を，生物学的背景，つまり，「この子は誰の子？」という問題と関連づけて考えることはできないのである。

青年期の恋愛をエネルギー論で考えると，恋人はエネルギーの供給源である。恋愛関係という特別な関係を構築するということは，恋人は自分に，自分は恋人にだけエネルギーを供給し，他の異性に対しては極力エネルギーを供給しないという協定を結んだことになる。恋人が自分を含めた複数の異性と恋愛関係をもてば，自分に供給されるエネルギーは減るであろう。反対に，自分が

複数の異性と恋愛関係をもてば，多くのエネルギーは供給される可能性がある一方，複数の異性からエネルギーを奪われる危険性もあり，また，周囲からの批判も受けることを考えると，慢性的にエネルギー不足の青年には，リスクが大きいのである。そのため，排他性規範によって，一対一という関係に執着することで，そのようなリスクを避け，恋人からエネルギーを確実に供給してもらおうとするのである。

　この排他性規範を揺るがすものが，先に述べた浮気である。浮気を防ぎ，排他性規範を守るために，恋人の行動を監視したり，制限したりしようとする「束縛」が生じることがある。アイデンティティのための恋愛においても，「相手の挙動に目が離せなくなる」という特徴があるように，恋人の行動や対人関係を制限したり，電話やメールの内容を把握しようとすることは，青年期の恋愛関係では，よくみられる現象である。しかし，束縛は，デートDVのひとつとされ，恋愛関係におけるトラブルの原因ともなる。このような束縛も，結局はエネルギーの供給源である恋人を失わないためにとられる行動である。恋人が自分以外の異性にエネルギーを供給していないかを気にし，もし少しでもそのような兆候がみられれば，恋人の行動を制限することで，自分以外の異性にエネルギーを供給することを妨げようとするのである。

　恋愛の需要と供給　近年，青年の間で，モテ期とよばれる時期が存在するといわれている（しかも，人生に3回）。モテ期とは，言うまでもなく，多数の異性から好意を向けられる（モテる）時期のことであるが，このモテ期について，「恋人が欲しいと思っていない時ほどモテる」といわれることがある。恋人が欲しい時にモテ期が来るほど，ありがたいことはないが，その需要と供給はなかなか合致しないのである。青年にとって異性から魅力的にみられ，好意を向けられる理由は，先述したとおり，エネルギーがあるようにみえるからである。エネルギーがあるようにみえる青年とは，たいてい仕事やスポーツなど，何らかの活動に一生懸命取り組んでいる者であり，恋愛している場合ではない。そのため，恋人が欲しいと思っていない時ほど，異性からはエネルギーがあるようにみえ，モテるのである。

反対に,「恋人が欲しいと思っている時には恋人はできない」ともいわれる。恋人を欲しいと思っているということは，今，エネルギーがないことを意味している。エネルギーがないから，エネルギーの供給源としての恋人が欲しいのであるが，エネルギーを奪われるのがわかっているのに，あえて恋人になろうとする同年代の異性はなかなかいない。そのため，「恋人が欲しいと思っている時には恋人はできない」のである。

4 恋愛のエネルギー論に関する実証的検討

これまで，"青年期の恋愛はエネルギーの奪い合いである"というエネルギー論の観点から恋愛を捉えることで，さまざまな恋愛現象・言説を理解することができることを説明してきた。これは，Van Lange（2013）があげている良い社会心理学が備えているもののうち，②抽象性，③発展性，④応用可能性を，恋愛のエネルギー論が有していることを示している。では，①真実性は，どうであろうか。①真実性とは，研究者による個人的な信念や妄想ではないということを意味している。心理学が実証科学である以上，この恋愛のエネルギー論も，データをもとに検証されなければ，真実性があるとはいえない。

しかし，青年期における恋愛関係とアイデンティティとの関連を検討した研究は少なく，そのなかで検討されているのは，恋人の有無や恋愛経験の有無とアイデンティティとの関連がほとんどである。たとえば，北原ほか（2008）では，大学生男子においては，恋人の有無によるアイデンティティの差はみられていないが，大学生女子では，恋人がいる者の方がいない者よりもアイデンティティ確立の程度が高いことが明らかにされている。また，髙坂（2011b）では，恋人がいる大学生の方が，恋人がおらず，恋人を欲しいと思っている大学生や，恋人がおらず，恋人を欲しいと思っていない大学生よりも，アイデンティティ確立の程度が高いことが示されている。一方，天谷（2009）は，大学生を，「恋人あり」，「恋人なし恋愛経験あり」，「恋人なし恋愛経験なし」の3群に分けて，アイデンティティ確立の程度の差を比較しているが，有意な差は

みられていない。片岡・園田（2011）においても，恋人の有無によるアイデンティティ確立の程度の差はみられていない。

　恋愛のエネルギー論から考えると，恋人がいる者の方が，恋人がいない者よりも，恋人からエネルギーを供給してもらえるため，アイデンティティ確立の程度は高くなることが予想されるが，必ずしも一貫した結果が得られているわけではない。そもそも，アイデンティティを形成・確立する際に，恋人は必ずしも必要なわけではない。恋人がいた方が，アイデンティティ形成に必要なエネルギーを供給してもらえるため，有利ではあるが，恋人がいなくとも，自力で努力と成功・達成を積み重ね，アイデンティティを形成している者も存在する。これらの研究において「恋人なし」と分類された対象者のなかにも，このように自力でアイデンティティ形成をしている者が含まれていると考えられる。もちろん，恋人がいる対象者のなかにも，アイデンティティ確立の程度が高いため，恋人ができた者と，アイデンティティが十分に確立していないが，エネルギーがあるようにみえた（みせた）ために恋人ができた者が，混在している。つまり，ある一時点において，恋人がいるかいないかだけで，アイデンティティとの関連を検討することには，本質的な意味はないといえる。

　一方，恋愛経験については，アイデンティティ形成との関連が示されている。北原ほか（2008）は，対象者の恋愛経験を「0回」，「1回」，「2～3回」，「4回以上」に分けて，アイデンティティ確立の程度を比較しているが，その結果，恋愛経験が多い方が少ない方よりも，アイデンティティ確立の程度が高いことを明らかにしている。また，髙坂（2014b）では，恋愛関係にある大学生の恋愛関係崩壊後のアイデンティティの変化について検討しているが，アイデンティティ確立の程度は，恋愛関係が崩壊したとしても低下しないことが示されている。恋人をエネルギーの供給源であると考えると，恋愛関係が崩壊すると，その供給源がなくなるため，アイデンティティ確立の程度は低下すると考えられる。しかし，髙坂（2014b）の結果はそのようになっていない。むしろ，恋愛関係が崩壊したとしても，交際していた時に得ていたエネルギーをもとに，青年はアイデンティティ形成に取り組んでいると考えられる。そのた

め，北原ほか（2008）が示したように，恋愛経験が多ければ多いほど，何度もエネルギーを供給してもらった経験があるため，アイデンティティ確立の程度は高くなると考えられるのである。

また，恋愛関係は二者関係であることを考えると，本人のアイデンティティの状態も重要であるが，恋人のアイデンティティの状態も重要である。髙坂（2010b）は，恋人のいる大学生に，恋人のアイデンティティの状態を推測で回答してもらい，恋人のアイデンティティの状態により，回答者本人がその恋人との恋愛関係をどのように捉えているかを検討している。その結果，恋人がアイデンティティ達成型やフォークロージャー型であると推測されていると，モラトリアム型や拡散型であると推測されているよりも，自身の関心が広がり，意欲が高まったり，幸せや癒し，楽しさなどのポジティブな感情を感じたりしていることを明らかにしている。このように，恋人が達成型やフォークロージャー型のようなエネルギーをもっているアイデンティティの状態であると，その恋人との恋愛によってポジティブな影響が生じていると感じられるのである。

北原ほか（2008）や髙坂（2010b），髙坂（2014b）の結果は，恋愛のエネルギー論をある程度支持するものであるといえるが，これらだけでは十分ではない。たとえば髙坂（2010b）についていえば，恋人のアイデンティティの状態が，恋人本人の回答ではなく，対象者の推測によるものであるという，研究方法的な問題もある。しかし，それ以上の問題として，これらの研究では，エネルギー（≒リビドー）そのものを測定していないのである。リビドーのような心理力動的概念は，現在の心理学的な研究法では，測定が困難である。そのため，恋愛のエネルギー論も直接的に検証することは難しく，傍証を積み重ねていくしかほかないのである。そのような傍証の積み重ねによって，確からしさ，つまり蓋然性や説得力を高めていくことで，初めて，恋愛のエネルギー論は，真実性を獲得し得ると思われる。

5　青年期の恋愛の活かし方

　これまで検討してきたように，"青年期の恋愛はエネルギーの奪い合いである"と捉えた場合，さまざまな恋愛現象が説明でき，また，これまでの実証的研究の結果についても解釈可能であることを示してきた。本章の最後に，"エネルギーの奪い合い"で考える青年期の恋愛の活かし方について考えてみたい。

　繰り返しになるが，青年にとって恋人はエネルギーの供給源であり，自分の不足しているエネルギーを恋人から奪い合うことに青年の恋愛は終始しがちである。そのため，相手を独占・占有しようとし，また，いつも一緒にいようとする。第2章で紹介した内閉的世界の構築は，2人の間からのエネルギーの漏出を避け，恋人のエネルギーを自分だけに向けさせようとする手段でもあり，その結果，恋愛様相モデルの「埋没性」へと至るのである。しかし，このような内閉的世界で，2人の不足しているエネルギーをやりとりしていると，ちょっとしたきっかけからアンバランスが生じてしまう。一方は恋人からエネルギーをたくさん奪い取ることで満足できるが，もう一方はエネルギーを奪われ枯渇し，疲労感しか残らなくなってしまい，いずれは別れを選ぶことになるのである。

　このように，エネルギーが不十分な2人が内閉的世界を構築しても，その先に待っているのは，苛烈なエネルギーの奪い合いと，関係の崩壊である。むしろ，青年期の恋愛において重要なのは，エネルギーの漏出を恐れて2人だけの世界をつくることではなく，恋人からもらったエネルギーをもって，積極的に外の世界に出て行くことなのである。

　やる気が起こらない，やろうかどうか迷っている時に，恋人からの「がんばって」という応援や励ましの言葉は，青年の気力を高め，行動に移させる活力を与える。恋人からエネルギーをもらうことによって，仕事や勉強，スポーツ，就職活動，資格取得などアイデンティティ形成に関わる活動にいつも以上に取り組むことができるのである。もちろん，恋人のエネルギーだけで活動で

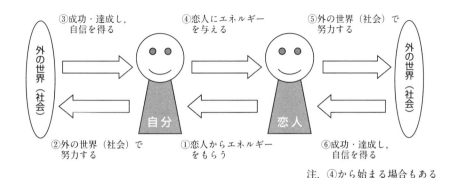

図3-10　青年期の恋愛におけるエネルギーの好循環

きるわけではない。あくまで恋人からもらうエネルギーは補助・補強であるため，背中を押してもらう程度である。それでも，恋人に背中を押してもらうことによって，アイデンティティ形成に関わる活動に取り組み始めることができる。そして，そこで努力し，「大きな仕事を無事に終えることができた」，「試験に合格し資格を得た」，「大会などで目標としていた以上の成績を残せた」，このような成功体験や達成経験は，大きな満足感と自信を得られ，アイデンティティ形成が進行し，これまで以上に自分でエネルギーをつくり出すことができるようになるのである。

　そして次は，エネルギーを返す番である。成功体験や達成経験によってつくり出すことが可能になったエネルギーを，今度は恋人に渡すのである。「あの時は応援してくれて，ありがとう。次は僕が応援するから，がんばってね。」と，恋人が外の世界で成功体験や達成経験をし，アイデンティティ形成が進行するよう，励ましたり，支えたりするのである。そのようにして渡したエネルギーで恋人が努力し，成功・達成し，アイデンティティ形成が進行すると，次はまた自分がもらって，さらなるアイデンティティ形成のために，努力し，成功・達成を積み重ねていくのである（図3-10）。

　2人だけの世界で閉じこもっていても，アイデンティティが形成されることはない。不安や迷いをもちつつも，恋人からもらったエネルギーを支えに，そ

れぞれが外の世界で努力をするしかないのである。そして，互いが成功・達成を積み重ね，少しずつアイデンティティ形成が進んでいくことでしか，エネルギーの奪い合いという青年期の恋愛から脱する方法はないのである。Fromm (1956/1991) は，「自分の人格全体を発達させ，それが生産的な方向に向くよう，全力をあげて努力しないかぎり，人を愛そうとしてもかならず失敗する」と述べている。恋人を愛するため，恋人との関係を続けるためにも，外の世界に出て，努力しなければならないのである。

　なお，繰り返しになるが，恋人がいなければ，アイデンティティ形成のための努力をすることができないというわけではない。恋人がいなくとも，自分が今もっているエネルギーを使って，懸命に努力し，成功・達成を積み重ね，アイデンティティを形成している者も少なくない。アイデンティティ形成において恋人の有無は重要な要因ではない。恋人がいても，その関係に固執・埋没し，アイデンティティ形成ができない者もまた少なくない。結局は，恋人の有無に関係なく，アイデンティティ形成のために外の世界で努力ができるかどうかである。恋人は，外の世界に出ていくために，少しだけ背中を押してくれるだけなのだから。

コラム3
幸せな恋愛は金にならない！？

　どのような分野・領域であれ，研究にはお金がかかります。それは恋愛に関する研究にも当てはまります。もちろん医学系や理工系のように，数千万，数億というような金額が必要になることはありません。それでも，大規模なWeb調査を実施する場合には数十万という業務委託費が必要になりますし，カップル調査や追跡調査（パネル調査）を行う際にも謝礼が必要となります。このような費用は，大学教員であれば，大学から支給される研究費で賄うことができますが，大学院生であれば，私費を投じて行っている人もいます（大学教員でも，研究費削減により，不足分を私費で補てんしている人も少なくありません）。

　しかし，このような研究にかかる費用を研究費や私費で賄うには限界があります。そのため，多くの研究者は外部資金・競争的資金の獲得を目指します。この外部資金・競争的資金には，各大学・研究所からの補助金や各財団が公募する助成金などが含まれますが，そのなかでも大きなウエイトを占めるのは，科学研究費補助金（科研費）になります。この科研費の獲得は，多くの研究者にとってひとつの目標であり，また，研究者が評価される際の指標のひとつともなっています。何より，申請が通れば，数百万という研究費が自分の研究につくわけですから，今までお金がかかると思って躊躇していたWeb調査や追跡調査，海外での調査などを行い，自分の研究を大いに進展させることができるのです。そのため，研究者は科研費獲得に向け，研究実績を積み重ねるとともに，より良い研究計画を立案し，何度も修正しながら申請書を書き上げるのです。それでも，科研費の新規採択率は約3割ですから，狭き門といえます。

　冒頭にも述べた通り，恋愛に関する研究も当然お金がかかりますので，科研費をはじめとする各種補助金に頼りたくなります。ところが，恋愛研究はなかなか補助金にありつくことができません。たとえば，科研費データベースで「恋愛」というキーワードで検索すると，426件がヒットします（2016年5

月3日時点)。この多くが文学や哲学，歴史，比較文化に関する研究課題で，心理学に関わる採択課題は，わずか10件しかありません。それらで取り上げられているテーマをみると，「デートDV（dating violence）」が3件，「ストーキング・つきまとい」が1件，「強い束縛」が1件となっており，半数が恋愛関係のダークサイドに注目した研究であり，近年は特にそのようなダークサイドに注目した研究が採択されているようです。もちろん，デートDVやストーキングは社会的にも注目度が高く，解決すべき課題であり，そのためにも研究知見の蓄積が求められます。浮気や別れ（失恋）を含め，このような恋愛のダークサイドに関する研究は，研究課題も立てやすく，また研究の重要性や必要性も訴えやすいため，補助金を申請するテーマとして採用しやすいのです。実際，補助金獲得の有無にかかわらず，恋愛研究ではこのようなダークサイドに関する研究が増加傾向にありますし，恋愛のダークサイドに特化した著作もいくつも出版されています。こうしてみてみると，なんだかほとんどの人が不幸な恋愛をしているような錯覚にさえ陥ります。

　一方，幸せな恋愛はなかなか補助金を獲得できません（少なくとも私はそう思っています）。幸せなのだから，研究すべき問題が見当たらないので，研究課題を立てにくいのです。もちろんそこに親密な対人関係における理論的な課題を見出す場合もあるでしょうし，恋愛と結婚が密接に関連していることから，幸せな恋愛の延長戦として結婚，さらには妊娠・出産・育児へと進めていくこともできるのでしょうが，そうすると，幸せな恋愛に関する研究ではなくなってしまいます。となると，やはりダークサイドに……と元に戻ってしまいます。「人の不幸は蜜の味」と言いますが，不幸ばかりに目を向けていては，恋愛の本質を見失ってしまいます。できれば今後は，幸せな恋愛について補助金をもらって研究できる幸せな研究者が増えることを期待したいです。

第4章

恋人を欲しいと思わない青年

　第1章でもみたように，青年期に入ると，人は異性に興味・関心をもち，異性と親密になりたい（恋人を欲しい）と思うようになり，そのなかには，実際に異性との親密な関係（恋愛関係）を築く青年もいる。一般的に，青年は異性に興味をもち，恋愛関係を構築し，いずれ結婚するという，暗黙の前提（ロマンティック・ラブ・イデオロギー：谷本，2008）が存在し，恋愛に関する心理学的研究も，この前提に沿った研究が多い。一方で，恋人のいない青年は，恋人のいる青年の比較対象として位置づけられており，恋人のいない青年自体がメインの研究対象とされることはほとんどない。さらに，近年，恋人を欲しいと思わない青年の存在が，社会的にも注目されている。恋人のいない青年には，「恋人は欲しいができない青年」と「恋人を欲しいと思わない青年」が混在しており，本来であれば，これらを分けて検討すべきであるが，これまでそのような研究は行われてこなかった。これも，先ほどの前提，つまり，「青年はみんな恋人を欲しいと思っている」と考えられてきたからであるといえる。しかし，価値観・生き方が多様化し，また，恋人がいなくとも生死には関わらないことを考えれば，恋人を欲しいと思わない青年が存在するのは，当然であり，その存在がこれまで考慮されてこなかったことの方が，問題なのである。
　そこで，本章では，恋人を欲しいと思わない青年の実態や，心理的特徴，青年が恋人を欲しいと思わない理由や背景について論じていく。

第4章　恋人を欲しいと思わない青年

1 恋人を欲しいと思わない青年の割合

　第1章でも論じたように、青年期に入ると、人は異性に関心をもつようになる。また、日本は恋愛に社会的価値が高く置かれていることもあり、青年の多くが、恋人を欲しいと思うようになる。しかし、実際に、青年期後期において、恋人がいる青年は、男子で4分の1程度、女子でも3分の1程度であると、第1章で紹介した。では、恋人を欲しいと思わない青年はどの程度の割合で存在しているのだろうか。いくつかの実態調査をもとに把握してみたい。

　日本性教育協会（2001）では、中学生・高校生・大学生を対象に、「恋人と呼べる人」の有無を尋ねている。そのなかで、「いないが、特にほしいとは思わない」と回答した割合は、中学生男子で43.6%、女子で36.9%、高校生男子で21.8%、女子で25.2%、大学生男子で20.0%、女子で17.9%となっている。青年期前期に位置づけられる中学生では、まだ40%前後が、恋人を欲しいと思っていないが、学校段階が上がるにつれて、その割合が低下しているのがわかる。

　髙坂（2011b）は、大学生1343名を対象に調査を実施し、恋人がいる青年が36.1%（男子30.7%、女子42.1%）、恋人がいないので、欲しいと思っている青年が45.9%（男子51.1%、女子40.0%）であったのに対し、恋人はいないが、欲しいと思っていない青年は18.0%（男子18.1%、女子17.9%）であったことを明らかにしている。また、髙坂（2013b）が、大学生1530名を対象に行った調査では、恋人がいる青年が33.1%（男子29.4%、女子35.4%）、恋人を欲しいと思っている青年が46.9%（男子50.3%、女子44.7%）、恋人を欲しいと思っていない青年は20.1%（男子20.3%、女子19.9%）であった。性別や調査時期によって多少の違いはあるが、おおまかに言えば、大学生男子では恋人がいる青年が3割、欲しい青年が5割、欲しいと思っていない青年が2割であり、大学生女子では4割、4割、2割であるといえる。この割合は、日本性教育協会（2001）の結果ともほぼ一致している。

国立社会保障・人口問題研究所（2012a）が行った第14回出生動向基本調査では、18歳から34歳の未婚者のうち、男性の27.6%、女性の22.6%が、「交際している異性はいないが、とくに異性との交際を望んでいない」と回答している。年齢別にみると（図4-1）、男女とも「18～19歳」という若年層でその割合が高く、年齢が上がるにつれて、その割合は低下し、「25～29歳」で底を打つが、「30～34歳」で上昇に転じている。髙坂（2011b, 2013b）は対象者が大学生だけであったが、国立社会保障・人口問題研究所（2012a）の調査は、年齢幅も広く、学生以外の社会人も含まれている。それが影響しているのか、髙坂（2011b, 2013b）よりも、恋人を欲しいと思わない者の割合はやや多くなっている。

　時代的変化を捉えている調査として、オーネット（元オーエムジー）が毎年新成人を対象に実施している、恋愛や結婚に関する意識調査がある。2000年1月に新成人になる若者を対象とした調査（オーエムジー、2001）では、対象者400名（男女200名ずつ）のうち、交際相手がいる者は、男性で46.5%、女性で48.0%であった。また、交際相手がいない者のうち、男性の91.6%、女性の88.5%は「交際相手が欲しい」と答えていた。それに対し、2015年1月に新成

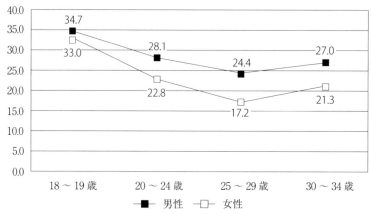

図4-1 「異性との交際を望んでいない者」の割合の年齢別推移（%）
（国立社会保障・人口問題研究所（2012a）より作成）

第4章　恋人を欲しいと思わない青年

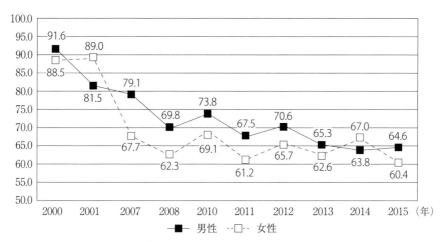

図4-2　恋人がいない新成人のうち，「交際相手が欲しい」と回答した者の割合の推移（%）
（オーネット（2015）より作成）

人になる若者を対象とした調査（オーネット，2015）では，対象者600名（男女300名ずつ）のうち，交際相手がいる者は，男性で23.7%，女性で27.7%であり，交際相手がいない者のうち，「交際相手が欲しい」と回答した者は，男性の64.6%，女性の60.4%であった。つまり，2015年新成人で交際相手がいない者のうち，約4割は「交際相手が欲しい」とは思っていないのである。この15年間を通してみると，交際相手がいる者は，約半分になっている。また，「交際相手が欲しい」と回答していないということが，そのまま「恋人を欲しいと思ってない」にはならないが，「交際相手が欲しい」という問いに肯定的な回答をしない者は，3～4倍になっていることが示されている（図4-2）。

また，内閣府（2011）では，20代・30代の恋人がいない者を対象に，「今，恋人が欲しいですか」と尋ねている。その結果，31.6%が「いいえ」と回答している。内閣府（2015）でも同様の質問をしたところ，恋人がいない者の37.6%が「恋人が欲しいですか」という問いに対して「いいえ」と回答している。特に20代男女でその割合は高くなっており，恋人を欲しいと思わない青年が約4年で6%増えていることが示されている（図4-3）。内閣府（2015）

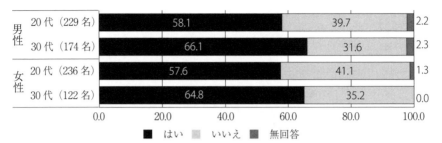

図4-3 恋人がいない者のうち,「今,恋人が欲しいですか」という問いに対する男女・年代別の回答の割合（%）

（内閣府（2015）より作成）

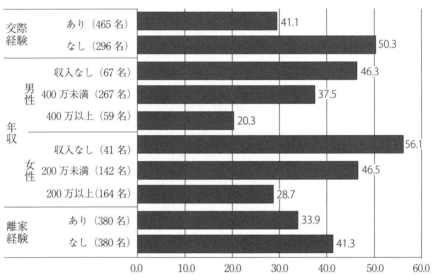

図4-4 恋人がいない者のうち,「今,恋人が欲しいですか」という問いに対して「いいえ」と回答した者の交際経験・年収・離家経験の割合（%）

（内閣府（2015）より作成）

の結果を交際経験や年収,離家経験からみると,交際経験がない者,年収の低い者,離家経験のない者ほど「恋人が欲しいですか」という問いに対して「いいえ」と答える傾向が強いことも明らかにされている（図4-4）。

これらの実態調査から,恋人を欲しいと思わない青年については,以下のよ

うなことがいえる。まず，恋人を欲しいと思わない青年の割合は，中学生の頃が，最も高く，年齢が上がるにつれ，低下していき，大学生に相当する20歳前後で20〜30%になり，20代後半でその割合は最も低くなるが，その後，再び上昇する。また，近年，恋人を欲しいと思わない青年は増加傾向にあり，交際経験が少なかったり，年収が低かったりすると，恋人を欲しいと思わなくなる割合は高くなるのである。

　ちなみに，日本の内閣府や国立社会保障・人口問題研究所に相当するような機関が，青年を対象に，恋人の有無や恋人が欲しいか否かについて尋ねている調査は，海外では見つけることができなかった。これも，日本社会が恋愛に高い価値や関心をもっていることの傍証であろう。また，日本では告白の受諾をもって恋愛関係になったことが確認できるが，欧米などでは，そもそも告白という行為自体，ほとんど行われていない（牛窪，2015）。そのため，これらの調査で海外の青年に「恋人がいますか」と尋ねても，どこからが恋人なのか，何をもって恋人と定義するのかが明確でないため，答える青年によって恋人の定義が異なり，調査で得られたデータにどこまで意味があるのかわからないためであるといえる。原田（2015）や牛窪（2015）では，海外でも若者の恋愛離れが進んでいると指摘しているが，実際にどのくらいの若者が「恋人を欲しいと思っていない」のかを示す調査やデータは見当たらない。いずれにしても，恋人の有無や恋人が欲しいか否かに関する調査が行われている自体，日本の恋愛事情・恋愛文化が独特であることを示しているのである。

　ただし，これらの調査結果を読み取る際には，いくつか注意が必要である。まず，調査対象者や調査方法がそれぞれ異なるということである。そのため，対象者の属性や心理的・社会的背景，居住地域などが大きく異なる可能性がある。たとえば，髙坂（2011b, 2013b）は，「現在，恋人がいる」，「現在，恋人がおらず，恋人を欲しいと思っている」，「現在，恋人はいないが，恋人を欲しいとは思っていない」という3つの選択肢を提示して，強制選択させる方法をとっている。一方，他の調査では，恋人がいない者に対して，「恋人（交際相手，恋人と呼べる異性）が欲しいですか」と尋ね，「はい」，「いいえ」で回答

を求めている。ここで「いいえ」と回答した者が，恋人を欲しいと思っていない青年であると推測できるが，髙坂（2011b, 2013b）において，「（恋人を）欲しいとは思っていない」という直接的な選択肢を選んだ場合と，その意味合いが同一かどうかは，判断できないのである。

　また，調査方法について，たとえばオーネット（元オーエムジー）は，2001年に新成人となる者を対象とした調査では街頭面接調査を実施しているが，2002年に新成人となる者を対象とした調査からWeb調査に切り替えている。街頭面接調査は，調査員がその場で会った対象者に声をかけて話を聞く方法であるが，その場合，調査員が話しかけやすそうな対象者を意識的・無意識的に選定している可能性があったり，また，そのような突然の調査に対して回答する者と拒否する者とでパーソナリティ特性が異なる可能性もある。たとえば，そのような突然の調査に対しても臆することなく回答できる人は，もともと人づきあいや人との関わりに抵抗が少なかったり，話すことを得意としていたりするため，恋人ができやすいことが考えられる。それに対して，Web調査の場合は，パソコンやスマートフォンで気軽に回答ができるため，街頭面接調査では回答を断っていた者や，普段あまり人と関わらない者が回答していることも考えられる。このように考えると，オーネットの調査（図4-2）で，2001年から2007年にかけて，特に女子において「交際相手が欲しい」と回答しない者が大幅に減少しているが，これが実際に減っているのか，調査方法の影響なのかは判断できないのである。もちろん，大学生などを対象にした質問紙調査においても同様のことは指摘できるため，このような調査方法の違いも考慮して，データを読み取っていく必要がある。

　さらに，これらの調査はすべて独身者を対象に行っている。中学生を対象としている場合は，調査対象者はすべて独身者であるため，独身者＝全対象者となる。大学生であっても，ほぼ独身者ではあると考えられるが，大学生という限定をつけることで，大学生と同年代であるが就職している者や無職者などは対象者には含まれない。現在，大学進学率が約50％であることから，大学生を対象者とした時点で，その年代の約半数しか対象者としておらず，そこから

得られた結果をその年代の特徴として捉えることは難しい。さらに，年齢が上がるにつれ，結婚した者たちは，これらの調査の対象とはならなくなる。たとえば，20代後半で約30%，30代前半で約50%が結婚をしている。そのため，独身者の調査は，同世代の70%や50%しか対象にすることができておらず，同年代の30%や50%がすでに結婚しているという事実が見落とされてしまうこともある。2015年6月に内閣府が平成26年度「結婚・家族形成に関する意識調査」報告書を発表した際，新聞やインターネットニュース，テレビなどで「現在の若者の約4割が『恋人欲しくない』」というタイトルで，その調査結果を驚きをもって伝えている。確かに，先ほど紹介したように，「恋人がいない者」に限定すると，このうち恋人を欲しいと思わない若者は37.6%である。しかし，この調査の対象者は全体で2643名であり，このうち恋人がおらず「恋人が欲しいですか」という問いに「いいえ」と答えたのは286名であり，調査対象者全体でみると，わずか10.8%でしかないのである。一方，すでに結婚している者は1345名（全体の50.9%），恋人がいる者は452名（全体の17.1%）と，65%以上に配偶者や恋人がいるのであるが，この点はほとんどニュースで取り上げられることはなかった。このように，独身者のみ，あるいは，恋人がいない者のみを取り上げることにより，「恋人を欲しいと思わない青年」の存在をむやみに際立たせてしまい，実際の恋愛状況・結婚状況を見誤らす可能性があるのである。

2 恋人を欲しいと思わない青年の心理的特徴

▶ 恋人を欲しいと思わない青年に関する論究・考察

　このように調査上の問題があることは事実であるが，現代青年の20～30%は，恋人を欲しいと思っていないことが，さまざまな実態調査から明らかになっている。では，恋人を欲しいと思っていない青年は，恋人がいる青年や恋人はいないが欲しいと思っている青年と比べ，どのような特徴をもっているのであろうか。

心理学的論究としては，アイデンティティ理論，アタッチメント理論，シャイネスの観点などから恋人を欲しいと思わない青年の特徴に関する説明が行われている。

　アイデンティティ理論の観点から，Erikson（1959/2011）は，「自分のアイデンティティに確信が持てない若者は，対人的な親密さを怖がって，尻込みする」と述べている。第3章でも述べたように，そもそも青年は，自分のエネルギーを自分で十分に賄うことができない状態にある。そのような状態で，恋人をつくるためにエネルギーを費やすことはできず，また恋人ができたら，相手からエネルギーを奪える可能性がある一方，奪われる可能性もある。もし奪われてしまったら，今以上にエネルギーが不足し，いよいよアイデンティティ形成に向けた活動ができなくなってしまう。そうであるならば，あえて恋愛をしてエネルギーを失う可能性を恐れるよりも，不足がちではあるものの，現有のエネルギーでアイデンティティを形成する努力をした方が合理的であると考えるのかもしれない。

　また，アタッチメント理論では，親密性回避が高いほど，恋愛を回避・拒否すると考えられる。関係不安が低く，親密性回避が高い回避型は，自分の能力や価値に自信がある一方，他者を頼りにしていないため，他者と距離を置いたり避けたりする傾向がある。また，関係不安も親密性回避も高い恐れ型は，人から拒否されて傷つくことを恐れる傾向があり，人と関わることに不安を抱いていると指摘されている。実証的にも，親密性回避は「愛することへの欲求」や「愛されることへの欲求」と負の相関がみられている（金政，2005）。これらから，親密性回避が高い回避型や恐れ型の青年は「愛することへの欲求」や「愛されることへの欲求」が低く，恋愛をあまり求めず，恋人を欲しいと思わない傾向が高いと考えられる。

　Gilmartin（1989/1994）は，異性との親密な関係に萎縮している者をラブ・シャイ（Love-Shy）とよんでいる。特にそのような男性のことを，シャイマンとよび，引っ込み思案で，劣等感が強く，率直な自己表現が苦手で，自己の容姿，能力全般，外向性・社交性を低く評価しているという特徴があるとして

いる。シャイネスの高さは，社会的場面における不適応につながりやすいことが指摘されており（菅原，1998），德永・稲畑・原田・境（2013）においても，シャイネスは被受容感や社会的スキルと負の相関を，被拒絶感とは正の相関を示している。このような特徴をもつシャイマンは，異性の目を過度に気にしたり，異性に話しかけたりするようなスキルももっておらず，また受け入れられていると感じることもできないため，恋人を欲しいと思っていても，萎縮し，異性との関わりを避けるようになると考えられる。

　Dion & Dion（1991）は個人主義と恋愛関係との関連について検討している。もともと個人主義とは，選択の自由や他者の高潔さ，自身の個人的な潜在的可能性の達成を中心的な特徴としたものであり（Waterman, 1981），このような傾向は，他者との関係の質との間に肯定的な関連が予測されるものである。しかし，個人主義のなかでも，可能な限り自給自足に努め，自分が他者に依存することや，他者が自分に依存することに対してアンビバレントな態度を示す自己充足個人主義（self-contained individualism；Sampson, 1977）は，他者との関係の質と負の相関を示すことが予測されている。また，Dion & Dion（1991）では，この自己充足個人主義が高い者ほど，恋心を抱いたことがあるという経験の報告が起こりにくいことが示されている。つまり，自己充足個人主義が強い者ほど，他者との相互依存に慎重であるため，異性との恋愛関係という親密な関係を求める可能性が低いということが示唆されているのである。

　心理学とは異なるものとして，山岡（2009）や大屋（2009）は，それぞれの意識調査の結果をもとに，青年が恋人を欲しいと思わなくなる要因について論じている。特に両者が共通して指摘しているのは，恋愛に対する否定的なイメージをもっていることが，青年を恋愛から遠ざけているとしている点である。山岡（2009）によると，現在の20代後半の独身者は，30〜44歳の既婚者が20代独身時に比べて，恋愛によって「楽しい・幸福感が得られる」という肯定的なイメージをもてておらず，一方で，「お金がかかる」，「面倒・わずらわしい」，「趣味や個人的な楽しみの時間が減る」という否定的なイメージは，現在の20代後半の独身者の方が高いことを示している。大屋（2009）

も，「恋愛は楽しい」という回答は 40 代男性で多いのに対し，「恋愛は疲れる」，「恋愛は面倒」という回答は 20 代男性で多いと述べている。

　また，大屋（2009）は，現代の男子青年が男女平等という価値観で育ってきたため，男性ばかりががんばって女性を口説くことが理解できないと述べている。牛窪（2015）も，男女平等社会／教育と男女不平等恋愛という矛盾が若者，特に男性に困惑や憤りを生じさせ，恋愛しようという意識を低下させているのではないかと指摘している。これらから，男女平等という価値観をもつ現代の男子青年は，男性が女性に積極的にアプローチをして，告白し，恋愛関係に至るという男性主導の関係構築に抵抗があり，そこまで男性ががんばらなければ恋人ができないならば，恋人は欲しいとは思わないようになるといえるのである。

　さらに，恋人を欲しいと思わない青年が近年増加傾向にあるとするならば，青年・若者に関わる社会的な変化を考慮する必要がある。そのひとつが超高度情報化である。第 1 章でも述べたように，日本は恋愛に高い価値を置いている社会であり，それは青少年が接するマンガやアニメ，映画，ドラマ，流行歌などのメディアにおいても恋愛が主要なテーマとなっていることからもうかがえる。このような環境のなか，日本の青年は幼い頃から，さまざまな恋愛のあり様を見聞きさせられる状況に置かれている。さらに近年では，携帯電話・スマートフォンなどの情報通信機器を多くの青少年が持つようになっており，このことがさらに身近な友人の恋愛から有名人の恋愛まで，多様な恋愛に接する機会を増やしたといえる。これにより，現代の青年の一部には，過剰なまでに恋愛に関する情報に接してきたがために，実際に恋愛を経験しなくとも，「恋愛とはこういうもの」とあたかも自分が恋愛を経験したかのような感覚――恋愛既視感――を抱く者がいると考えられる。原田（2010）は，若者がマスコミやインターネット，口コミなどから過剰ともいえる情報を受け取ることにより，経験したことがないのにどこかで経験したことがあるかのように錯覚してしまう既視感を感じており，既視感によって，若者は新しいことをしようと思う意欲や動機が低下し，行動範囲が狭くなっていると指摘している。恋愛にお

いてもこのような既視感が生じ，それによって恋愛に対する意欲や動機が低下していると考えることができるのである。

　また，このような青少年が接するメディアの恋愛に出てくる登場人物はいずれも美男美女である。それに比べて，現実の自分は，美男美女ではなく，周りにもそのような魅力的な異性がたくさんいるわけではない。マンガでは，メガネをかけて三つ編みで，地味で，クラスでも目立たないが，メガネを外せばかわいい女の子が登場するが，現実でそのような女の子はなかなか存在しない。曲がり角で突然転校生とぶつかるというようなドラマやマンガで描かれるような奇跡的な出会いもロマンティックなシチュエーションもそう簡単には起こらない。美男美女が続出し，奇跡的な出会いやロマンティックなシチュエーションが頻発するドラマやマンガの恋愛に多く触れていると，自分はこのような素敵な恋愛が起こるような世界には入っていないという感覚——恋愛圏外感——も生じていると考えられる。そして，この恋愛圏外感が，自分は恋愛に縁がない，素敵な出会いがないと思わせ，恋愛を諦めさせてしまうと考えられる。このように，超高度情報化によって，青少年が接する恋愛に関する情報が増えたことが，青少年に恋愛既視感と恋愛圏外感を抱かせ，恋愛への意欲を低下させていると推察されるのである。

　もうひとつ，社会的な変化をあげるならば，青年のリスク回避志向の高まりがある。近年，青年の"まじめ化"が指摘されている。大学生については，学業を重視し，授業をサボることなく，受動的ながらもしっかりと受講し，資格を取るために，多くの授業を履修する姿が指摘されている（伊藤，1999）。このような大学生はアルバイトやボランティア活動，サークル活動などにも積極的に参加し，とにかくやれることは何でもやろうとしている。また，平野（2015）では，高校生の多くが社会のルールや校則を守ることに肯定的で，ルールを破ることをかっこいいと思う者は減少していることを示している。このような青年の"まじめ化"の背景には，バブル崩壊による長引く経済不況やそれに伴う雇用情勢の悪化，年金・医療・介護など将来に対する不安，そして，「自己責任」という言葉によって生じた社会不信などが考えられ，このよ

うな「乗り遅れると大変なことになる」(宮下・杉村，2008) 時代・社会のなか，とにかく後れを取らないために，まじめにならざるを得なかったと考えられる。この点について，村澤・山尾・村澤 (2012) は，現代青年は自己不確実感，閉塞，保険感覚などを特徴として，漠然とした不安を抱えながら，自分自身の未来をマネジメントしリスクを低減することに忙殺されており，「果てなきリスク管理に忠実に従い，過剰なまでにリスク社会に適応しようとする」と指摘している。また，片桐 (2009) も現代青年について，「とりあえずこのまま失敗をしないためには，冒険はせずに，与えられた課題だけをこなしていこうとする」傾向が強いことを指摘している。髙坂 (2013c) は，このようなまじめで，失敗やリスクを恐れ，後れを取らないために，とりあえず何でもやろうとする青年群あるいはそのような青年期の過ごし方を「リスク回避型モラトリアム」とよんでいる。

　このような社会状況の変化によって生じた，あるいは強まったと考えられる青年のリスク回避志向は，当然，恋愛に対する姿勢にも影響を及ぼしていると考えられる。そもそも恋愛は単純に楽しいだけのものではなく，多くのリスクあるいはコストが存在する。好きな相手に告白をすれば，フラれるリスクがある。つきあったら，時間的・経済的・精神的なコストが生じ，別れるリスクが常につきまとう。デートで撮った写真をSNSにアップすれば，「リア充自慢」と非難され，誰がいつ誰とどこへ行って何をしたのかも，SNSで友人のみならずまったく面識のない他者にまで知られてしまう。また，近年では，ストーカー，デートDV，リベンジポルノなどの犯罪行為・問題行動なども恋愛におけるリスクであるといえよう。このように，恋愛には多くの現実的なリスクやコストがつきものであり，失敗やリスクを恐れる一部の青年にとって恋愛は，リスクが高く，コストパフォーマンスが悪いと捉えられる可能性がある。たとえば，株式投資であれば，損失するリスクが高く，コストパフォーマンスが悪い株を積極的に購入する者はいないであろう。それと同じで，リスク回避志向の高い青年たちは，コストパフォーマンスが悪い恋愛を避けようとすると考えられるのである。

第 4 章　恋人を欲しいと思わない青年

▶ 恋人を欲しいと思わない青年の特徴に関する調査結果

　では，実際に，恋人を欲しいと思っていない青年は，恋人がいる青年や，恋人を欲しいと思っている青年とどのような違いがあるのだろうか。内閣府（2015）は，20代・30代の恋人がいない者に対する「今，恋人が欲しいですか」という問いに対する回答を，自己効力感・社交性の高低に分けて集計している（図 4-5）。その結果，自己効力感も社交性も高群よりも低群の方が「いいえ」と回答した者の割合が多く，特に男性では自己効力感において，女性では社交性において「はい」と回答した者の割合と「いいえ」と回答した者の割合の差が大きいことが明らかにされている。

　髙坂（2011b）は，恋人がいる青年（恋愛群），恋人を欲しいと思っている青年（恋愛希求群），恋人を欲しいと思ってない青年（恋愛不要群）の3群を，アイデンティティ，精神的健康，個人主義の点から比較している。その結

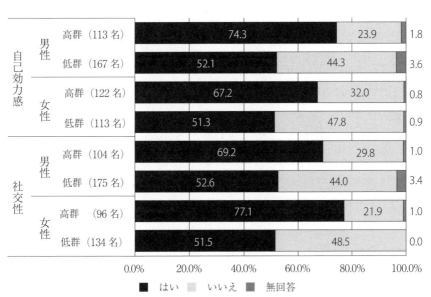

図 4-5　恋人がいない者のうち，「今，恋人が欲しいですか」という問いに対する自己効力感・社交性の高低別の回答の割合（％）
（内閣府（2015）より作成）

表 4-1　恋愛群・恋愛希求群・恋愛不要群の比較結果

		恋愛群	恋愛希求群	恋愛不要群	備考
アイデンティティ	自己斉一性・連続性	○		×	
	対自的同一性				
	対他的同一性	○	○	×	
	心理社会的同一性	○	△	×	男子のみ
精神的健康	充実感	○	×	×	
	抑うつ・不安	×	○		男子のみ
	不機嫌・怒り				
	無気力	×	○	○	
個人主義	個の認識・主張	○	×		
	独断性	×	×	○	

注．有意な差がみられたところに異なる記号を記した。また，○, △, ×の順で得点が高いことを意味している。
（髙坂，2011b）

果（表 4-1），恋愛群は，アイデンティティ確立の程度や精神的健康度は高く，充実感も高く，自分の意見を主張することはあるが，自分の考えは絶対的に正しいとする独断性は低かった。一方，恋愛希求群は，アイデンティティ確立の程度は中程度であるが，充実感は低く，抑うつや不安が高く，無気力で，個人主義的ではなかった。そして，恋愛不要群は，アイデンティティ確立の程度や充実感は低く，無気力で，独断性が高いことが示されている。

また，髙坂（2013b）は，恋愛状況によるEriksonの第1段階から第6段階までの心理社会的発達主題の達成状況の比較を行っている。その結果，恋愛群は，基本的信頼感や自律性，主体性，勤勉性，親密性を獲得できており，一方，恋愛不要群は，全体的に低い得点を示している。髙坂（2013b）では，髙坂（2011b）のようにアイデンティティ確立の程度において，明確な差はみられなかったが，全般的に，恋愛不要群は，恋愛群や恋愛希求群に比べ自我発達の程度が低いことが明らかにされている。

さらに，髙坂（2014c）は，恋愛状況によるコミュニケーションに対する自信の比較を行い，恋愛群は，意図伝達（自分の思っていることを伝える自信），意図抑制（周囲から求められている態度がとれる自信），意図理解（他者

の言動の意図を読み取る自信）のいずれもが高いのに対し，恋愛不要群はいずれも低いことを明らかにしている。

　南（2014）は，恋愛状況と恋愛イメージの良し悪しを組み合わせた5群（恋愛群，希求高群，希求低群，不要高群，不要低群）において，時間的展望や価値観について比較を行っている。その結果，恋人を欲しいと思っておらず，ネガティブな恋愛イメージをもつ者（不要低群）は，他者にわずらわされることなく，自分だけの内面生活を送りたいと考える「自己沈潜的人生観」が高く，努力することによって人生を実りあるものにしたいと考える「努力的人生観」が低いことが明らかにされている。また，不要低群の男子は，他に比べて希望をもっていないことも示されている。

　髙坂（2011b，2013b，2014c）や南（2014）のように，恋人を欲しいと思わない青年と，恋人がいる青年や恋人を欲しいと思っている青年を比較している研究はまだ少なく，今後の進展が期待される。しかし，現時点において，これらの研究からいえることは，恋人を欲しいと思っていない青年は，自我発達の程度が低く，将来に希望をもてず，努力しようともせず，無気力で，自分だけの世界に浸り，自分の意見が正しいと思っており，コミュニケーションに対する自信ももてていない青年であるといえる。一般に，"恋人を欲しいと思わない"ことは，ネガティブな評価を受けやすいが，これらの知見から，恋人を欲しいと思わない青年は，実証的にも，ネガティブな特徴をもっていることが明らかにされているのである。

3 恋人を欲しいと思わない理由

　このように，一般的なイメージでも，心理学的な実証データにおいても，ネガティブな特徴をもつとされる恋人を欲しいと思わない青年は，本当にネガティブな特徴をもった者だけなのであろうか。青年を恋人がいる／いない，恋人を欲しい／欲しくないなどのような二者択一的に分類すれば，一方がポジティブで，他方はネガティブになりやすい。しかし，恋人を欲しいと思わない

青年の内面にさらに迫れば，恋人が欲しいと思っていないだけで，その内実はずいぶんと異なることがわかる。
　内閣府（2011）は，「今，恋人が欲しいと思わない」と回答した20代・30代の独身者に対して，恋人が欲しいと思わない理由を尋ねている（表4-2）。その結果，恋愛経験の有無にかかわらず，20代の男女では，「仕事や勉強に力を入れたい」や「自分の趣味に力を入れたい」のように，恋愛以外の活動に集中したいという理由が多くあげられているのに対し，20代の女性や30代の男女では，「恋愛が面倒」を半数以上が選択している。また，これまで交際経験がない者は，年齢にかかわらず，「異性に興味がない」，「異性と交際するのがこわい」を多く選択している。
　谷口（2013）は，この内閣府（2011）のデータをもとに，恋人を欲しいと思わない者を，恋愛を回避しているか否か，恋愛に対して不安を抱いているか否かという2つの観点から，「恋愛回避型」，「恋愛苦手型」，「恋愛あきらめ型」という3つのタイプに分類している。恋愛に対して不安はないが，積極的に恋愛を回避しようとしている「恋愛回避型」の特徴として，(1) 恋愛を面倒くさいと感じる，(2) 責任（コミットメント）の回避，(3) 恋愛のイメージが悪い，という3点があげられている。谷口（2013）は「恋愛回避型」を説明する際に，Clark & Mills（1979）の「交換的関係」と「共同的関係」の理論を用いている。交換的関係とは，ギブ・アンド・テイクの関係であり，相手から受けた利得によって生じた借りを返したり，相手からの返礼を期待して，相手に利得を提供するような利害に基づいた関係である。対して，共同的関係とは，相手の欲求に応じて利得が与えられたり，返礼を期待することなく，相手を満足させるために利得を提供するような関係であり，相手の安寧に対する責任の相互的感情によって特徴づけられている。本来，恋愛関係とは，共同的関係であるが，恋愛回避型の青年は，恋愛をする前から，恋愛関係をコストと報酬が頻繁に交換されるような関係としてみているため，そのような交換的なコミュニケーションが面倒だと感じてしまっていると，谷口（2013）は論じている。このような交換的関係では，相互の欲求充足に関する責任は感じられないた

表 4-2 「今，恋人が欲しいと思わない理由」への回答（%）

			仕事や勉強に力を入れたい	自分の趣味に力を入れたい	友人と過ごす時間を大切にしたい	過去に恋愛で失敗した	恋愛が面倒	異性に興味がない	異性と交際するのがこわい	その他
男性	20代前半	恋人なし（89名）	55.1	64.8	23.2	21.8	45.0	4.9	12.6	7.7
		交際経験なし（265名）	40.6	60.6	14.7	0.7	52.0	17.1	17.3	8.1
	20代後半	恋人なし（108名）	47.6	61.4	16.5	2.1	45.5	4.8	3.4	9.0
		交際経験なし（165名）	26.7	57.6	8.3	1.7	54.2	17.5	21.6	10.1
	30代前半	恋人なし（86名）	47.2	43.3	6.8	1.5	56.7	6.6	2.2	5.3
		交際経験なし（123名）	29.8	53.0	3.5	3.8	53.7	12.4	20.6	24.2
	30代後半	恋人なし（87名）	24.7	45.5	7.1	7.8	55.4	3.5	6.4	15.6
		交際経験なし（116名）	26.8	49.3	5.6	4.2	58.2	12.0	19.7	15.6
女性	20代前半	恋人なし（91名）	51.4	56.4	19.8	17.6	57.8	4.9	17.7	11.3
		交際経験なし（153名）	41.2	67.1	24.2	1.0	54.7	27.2	31.1	6.5
	20代後半	恋人なし（79名）	48.6	59.9	16.2	8.4	64.1	14.1	7.7	19.7
		交際経験なし（73名）	25.3	59.5	16.0	1.1	55.3	32.0	24.7	6.9
	30代前半	恋人なし（52名）	29.7	35.1	14.4	5.4	68.5	16.2	9.0	9.0
		交際経験なし（43名）	26.1	54.8	7.1	2.7	62.0	40.0	18.6	9.9
	30代後半	恋人なし（63名）	19.6	50.7	10.6	6.7	68.9	17.0	3.2	20.5
		交際経験なし（37名）	20.4	49.8	13.7	1.7	60.9	39.3	26.0	9.9

（内閣府（2011）より作成）

め，関係や責任に対するコミットメントも低くなり，また，恋愛に対するイメージも，「面倒くさい」のようにネガティブになっていると考えられる。

　恋愛苦手型は，恋愛をしたいと思っているものの，恋愛に対しての不安な気持ちが強く，恋愛できないタイプである。厳密に言えば，恋人を欲しいと思わない青年には該当しないともいえるが，恋愛に対する不安が強いため，結果的に恋愛には向かえない青年である。恋愛苦手型の特徴は，自分に自信がなく，"傷つきたくない"という気持ちが強いことであるとされている。そのため，自分は異性にとって魅力的であるとも思えず，また，魅力的なアピールができるとも思っていない。恋愛関係という親密な関係になることで，得ることが多いこともわかっているが，それ以上に，傷つけられるかもしれないという不安が強いため，恋愛ができない青年であるとされている。

　3つ目の，恋愛あきらめ型は，恋愛に対する不安も強く，恋愛を回避しているタイプである。恋愛あきらめ型の特徴は，高すぎる理想，特に外見的魅力へのこだわりがあるとされている。確かに，初対面において外見的魅力が印象形成に大きな影響を与えることは事実であるが，継続的な交際を続けていれば，性格や価値観など，他の側面における魅力の方が重要となり，外見的魅力の重要度は相対的に低下していく。しかし，恋愛あきらめ型は外見的魅力に強いこだわりがあるため，現実の異性では彼らがもつ理想に到達できず，恋愛対象としてみなすことができない。そのため，アイドルのような現実では遠い存在を追い求めたり，アニメやマンガのキャラクターに強くコミットしたりするようになるとされている。

　このように，恋人を欲しいと思わない青年は，恋愛を面倒くさいと感じている恋愛回避型，自信がなく，傷つけられたくない恋愛苦手型，そして，外見的魅力へのこだわりが強く，いわゆる"2次元"に走る恋愛あきらめ型に分けられると，谷口（2013）は考察している。これをみると，やはり恋人を欲しいと思わない青年は，どのタイプであってもネガティブな特性を有していると考えられる。しかし，恋人を欲しいと思わない青年がこのような3タイプに分けられ，その3タイプが上記のような特徴をもっているというのは，谷口（2013）

の考察であり，実証的な根拠はない。また，先に示したように，内閣府（2011）の調査では，「仕事や勉強に力を入れたい」や「友人と過ごす時間を大切にしたい」など，恋人を欲しいと思わない理由のなかでも，比較的積極的な理由も選択肢のなかにはあり，20代だと50％前後が選択しているが，それらは谷口（2013）の考察では，ほとんど考慮されていない。

　ちなみに，内閣府（2015）でも，同様に，「今，恋人が欲しいと思わない」と回答した20代・30代の独身者に対して，恋人が欲しいと思わない理由を尋ねている（表4-3）。内閣府（2011）から選択肢の一部が変更されていたり，集計方法が異なるため，単純な比較はできないが，「仕事や勉強に力を入れたい」や「自分の趣味に力を入れたい」，「友人と過ごす時間を大切にしたい」という比較的肯定的・積極的な理由も，「過去に恋愛で失敗した」や「恋愛が面倒」という否定的・消極的な理由も減少しているようにみえる。内閣府（2011）の「異性に興味がない」から変更になった「恋愛に興味がない」が増えているが，表現が変更になったためなのか，それとも"興味がない"者が増えたのか同定はできない。

　髙坂（2013b）は，恋人を欲しいと思わない大学生を対象に調査を実施し，恋人を欲しいと思わない理由は，次の6つに分類できることを明らかにしている。①恋人がいることによって時間的・心理的・労力的な負担が生じると考え

表4-3　「今，恋人が欲しいと思わない理由」への回答（％）

		仕事や勉強に力を入れたい	自分の趣味に力を入れたい	友人と過ごす時間を大切にしたい	過去に恋愛で失敗した	恋愛が面倒	恋愛に興味がない	他人と恋人として交際するのがこわい	その他
男性	20代（91名）	42.9	51.6	20.9	3.3	47.3	22.0	7.7	6.6
	30代（55名）	20.0	40.0	3.6	7.3	47.3	30.9	10.9	16.4
女性	20代（97名）	33.0	49.5	18.6	5.2	42.3	30.9	18.6	8.2
	30代（43名）	27.9	27.9	11.6	2.3	51.2	30.2	14.0	16.3

（内閣府（2015）より作成）

る「恋愛による負担の回避」，②自分自身が異性から魅力的にみられる自信がなく，また異性とどのように関わってよいかもわからない「恋愛に対する自信のなさ」，③仕事や勉強，部活・サークル活動，アルバイト，同性友人関係など，毎日やることが多く，現在の生活のなかに新たに"恋愛"という活動を入れられないほど満たされている「充実した現実生活」，④どうして恋愛に価値が置かれているのか，別れる可能性がある恋人との関係にどうしてコミットできるのかなど，恋愛することの意味や価値を見出せない「恋愛の意義のわからなさ」，⑤失恋したばかりであったり，以前の恋愛を忘れられない，あるいは以前に恋愛・異性関係に関わって嫌な経験をしたことがあるなどの「過去の恋愛のひきずり」，⑥恋人は欲しいと思ってできるものではなく，自然な流れでそのうちできると考えている「楽観的恋愛予期」，である。内閣府（2011；表4-2）の調査では，年代や交際経験の有無によって，恋人を欲しいと思わない理由が異なることが示されているが，18歳から34歳の恋人を欲しいと思わない者900名を対象にしたWeb調査の結果，これら6つの理由について年代による差異はみられていない（髙坂，2014d）。

　また，髙坂（2013b）は，これら恋人を欲しいと思わない理由6得点を用いてクラスター分析を行い，恋人を欲しいと思わない青年を恋愛拒否群，自信なし群，ひきずり群，楽観予期群，理由なし群の5群に分類している。恋愛拒否群は「恋愛による負担の回避」，「充実した現実生活」，「恋愛の意義のわからなさ」の得点が高い一方，「楽観的恋愛予期」の得点が低いタイプである。現在，友人関係などで充実した生活を送ることができているため，恋人がいることによるさまざまな負担を回避したいと思っており，また，恋愛をすること，恋人をつくることの意義や意味がわからないタイプである。恋愛を積極的に回避しているという点では，谷口（2013）が指摘した恋愛回避型に一致するタイプであると考えられる。

　自信なし群は，谷口（2013）の恋愛苦手群に相当すると考えられるようなタイプであり，「恋愛に対する自信のなさ」や「恋愛の意義のわからなさ」の得点が高いのが特徴である。特に「恋愛に対する自信のなさ」は5群間で最も高

く，自分に自信がない，異性とのつきあい方がわからないために恋愛から退却しているタイプであるといえる。

　ひきずり群は，「過去の恋愛のひきずり」の得点のみが高いタイプである。過去の失恋から立ち直れていなかったり，以前の恋愛でデートDVなど辛い経験をしていたりするため，なかなか次の恋愛に気持ちを向けることができないタイプであると考えられる。

　楽観予期群は「楽観的恋愛予期」や「充実した現実生活」の得点が高く，「恋愛による負担の回避」や「恋愛に対する自信のなさ」，「恋愛の意義のわからなさ」，「過去の恋愛のひきずり」という恋人を欲しいと思わない理由の中でも否定的，消極的な理由の得点が低いという特徴をもつタイプである。恋人はいずれできるだろうと考えているが，すでに現在の生活が充実しているため，無理に恋人をつくろうとも思っておらず，恋人がいないことに焦りを感じてもいない青年である。

　理由なし群は「過去の恋愛のひきずり」の得点はやや高いものの，他に目立った特徴を有していないタイプであり，特に明確な理由もなく，ただなんとなく恋人を欲しいと思っていない青年であると考えられる。

　それぞれの群が強くもっている理由だけをみても，楽観予期群は，これまでの恋人を欲しいと思わない青年に関する論究・知見やイメージ，谷口（2013）の分類にはみられない，ポジティブな特徴を有していることが推測される。実際，髙坂（2013b）では，これら5群について，自我発達の比較を行っている。その結果，楽観予期群は基本的信頼感，自律性，主体性，勤勉性，アイデンティティ達成，親密性のいずれにおいても高い得点を示しており，ひきずり群も基本的信頼感や勤勉性などにおいて比較的高い得点を示している。一方，自信なし群や恋愛拒否群は自我発達の指標のいずれについても得点が低いことが明らかにされている。

　この結果から，自信なし群や恋愛拒否群はErikson（1959/2011）が「自分のアイデンティティに確信が持てない若者は，対人的な親密さを怖がって，尻込みする」と指摘しているような，自我発達が進んでいないため，恋愛関係の

ような親密な関係を拒否したり回避したりする青年のタイプと合致していると考えられる。一方，特に楽観予期群は，アイデンティティが確立されており，恋人がいる青年と比較しても，同程度の自我発達をしていることが推測される。恋人がいる青年は，恋人からエネルギーを供給してもらい，自我発達を補助・補強してもらっている。それに対し，楽観予期群は，恋人からの補助・補強がないにもかかわらず，恋人がいる青年と同程度の自我発達であることから，自ら努力し，成功体験を積み重ねることで，自我発達を進めている者であるといえる。

　また，髙坂（2015b）は，髙坂（2013b）の恋人を欲しいと思わない青年の分類は，クラスター分析で行っているため，再現性が低く，恋愛拒否群や理由なし群のようにすべての得点が高いあるいは低い群が抽出されやすいという問題を指摘したうえで，主成分分析を用いた新たな分類方法を提案している。髙坂（2015b）では，恋人を欲しいと思わない理由6得点を用いて主成分分析を行い，第3主成分まで抽出している。第1主成分は「恋人を欲しいと思わない気持ち」を表しており，第2主成分は「楽観的恋愛予期」や「過去の恋愛のひきずり」などが高い負荷量を示しており，「恋愛に対する準備性」を表しているとしている。第3主成分は「恋愛に対する自信のなさ」や「過去の恋愛のひきずり」が高い負荷量を示していたため「生活感情のネガティブさ」を表していると解釈している。そして，第2主成分と第3主成分を組み合わせることで，恋人を欲しいと思わない青年を捉える2次元4類型モデルを提唱している（図4-6）。そして，この4類型でアイデンティティや親密性について比較し，楽観予期型はアイデンティティ確立の程度や親密性が高く，自信なし型はこれらの得点が低いことを示している。

　このように，恋人を欲しいと思わない青年について，恋人を欲しいと思わない理由に着目して分類・検討してみると，楽観予期群（2次元4類型モデルの楽観予期型）のような自我発達の程度が高く，日々の生活が充実しているような青年もいれば，自信なし群（自信なし型）のような自我発達の程度が低く，親密な関係から退却・回避しているような青年まで，さまざまなタイプが存在

していることがわかる。単純に，恋人がいるか，恋人を欲しいと思っているか，思ってないかというだけで分類した際には，恋人を欲しいと思っていない青年は，全般的にネガティブな特徴を有していることが示されているが，恋人を欲しいと思わない理由をもとに恋人を欲しいと思わない青年を分類することにより，

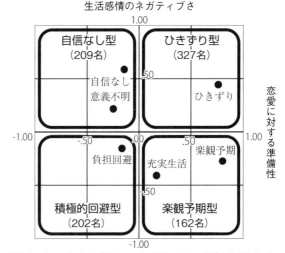

図 4-6　恋人を欲しいと思わない青年を捉える
　　2 次元 4 類型モデル（高坂（2015b）より作成）

恋人がいる青年と遜色ないほどポジティブな特性をもつ一群が，恋人を欲しいと思わない青年のなかにもいることが明らかにされるのである。

4　"恋人を欲しいと思わない青年"の問題とは

　これまで，"恋人を欲しいと思わない青年"について，その割合や心理的特徴について紹介してきた。心理学やその近隣領域においても，"恋人を欲しいと思わない青年"の研究はまだまだ少なく，研究が始まったばかりであるといえる。国立社会保障・人口問題研究所の出生動向基本調査において，独身者の異性交際状況に「とくに異性との交際を望んでいない」という選択肢が初めて設けられたのも，直近の第 14 回（2012 年）からである。しかし，このことは，恋人を欲しいと思わない青年という存在が，見逃せないほどの人数になってきており，社会的・政策的にも注目を集めていることを意味している。

　では，"恋人を欲しいと思わない青年"について調査・研究する意味はどこにあるのであろうか。すぐに思い浮かぶのは，未婚化・晩婚化とそれに伴う少子化の問題である。第 1 章でも紹介したように，現代は，恋愛と結婚が強く結

びついていると考えられている時代である．そして，結婚した夫婦間で子ども を生み育てることが暗黙の前提とされ，また推奨されている．つまり，社会と しては，青年に対して，恋愛し，結婚し，子どもをつくるというライフコース を期待しているのである．現代青年も，結婚に対する意欲が低下しているわけ ではなく，国立社会保障・人口問題研究所（2012a）でも，20代・30代の独身 者の約9割が「いずれ結婚するつもり」と回答している．にもかかわらず，約 7割の青年は恋人がいない，あるいは，欲しいと思っていない．そして，結婚 したいと思っているのに，その前提条件である恋人ができないのは，青年の理 想が高すぎる，努力が足りない，忍耐力がないなど，青年個人の特性に問題が あるからとされてしまう．特に恋人を欲しいと思わない青年は，恋愛に高い価 値を置く日本社会では受け入れがたく，少子化の一因として強い非難にさらさ れることがある一方，「恋人を欲しいと思えるようにしよう」という支援の対 象として扱われることもある．もちろん，これも少子化対策として行われるの である．

　また，経済的な面からも悪者にされることがある．以前は若者の恋愛は，経 済市場の大きな一領域であった．「バレンタインデーのお返しは3倍返し」， 「理想の男性は3高（高身長，高学歴，高収入）」，「婚約指輪は給料の3カ月分」 など，恋愛・結婚とお金とは切っても切り離せない関係にあった．かつては， 学生であっても，女性とデートをするときには車が必須であり，食事はイタリ アンやフレンチ，誕生日やクリスマスなどのイベントでは，ホテルの部屋を何 カ月も前から予約して，サプライズ・プレゼントを用意して，女性をもてなし ていた．女性も，そのような男性からのもてなしにふさわしいようにブランド 物の服やバッグなどを買い，髪型，メイクなど細部にまでお金をかけていた． 恋愛することは，お金がかかることであり，また，どれだけお金をかけられる か／かけてもらえるかが，その男性／女性の価値を表すかのように競い合って いた時代があった．ところが，近年では，若者は恋人と遠くに行かず，近場に 出掛け，あまり消費をしない．"お家デート"とよばれるように，家の中で DVDを観たり，ゲームをしたりして過ごす若者も少なくない．"お家デート"

であれば，女性も着飾る必要はない。食事などは割り勘が増え，誕生日などのプレゼントも，サプライズではなく，一緒に買いに行く者が多い。そうすることで，お互いの懐事情に見合った食事やプレゼントができるのである。良く言えば，恋愛において"見栄消費"をしなくなったともいえるが，つまりは，今の若者はかつてに比べ，恋愛でお金を使わなくなったのである。恋人がいる若者でさえお金を使わなくなったのだから，恋人がいない若者，そして，恋人を欲しいと思わない若者なんて，なおさらお金を使っていないのではないか，と考えられることもあるのである。

　しかし，改めて考えてみると，結婚するかどうか，子どもをつくるかどうかは，本人の意思や気持ちだけではどうにもならないこともあるが，それでも基本的には，個人やパートナーの考え方や意思が大きなウエイトを占めている。それと同じく，恋愛するかどうかも，個人の意思によるところが大きい。それを少子化や不景気という社会問題と関連づけ，「恋愛しない若者が増えたから，少子化や不景気になったんだ」と考えるのは短絡的である。そもそも少子化や不景気は，恋人を欲しいと思わない青年が20％程度になる前から生じていた問題である。このような大きな社会問題は，特定の原因を突き止めることが難しい（そもそもたったひとつの特定の原因というもの自体が存在していないであろう）。それでも，少子化と不景気，そしてそれらによって生じる年金・福祉・介護・医療などの大人側の不安を，どこかに押しつけてしまいたい。いつの時代も，「今時の若者は……」と，大人は若者に不満をもつものであるが，そのなかでも，今の大人たち——若い頃にお金や時間をかけて恋愛を謳歌した大人たち——には理解しがたい恋人を欲しいと思わない青年という存在に，そのはけ口が向けられているのではないだろうか。

　そのように考えると，恋人を欲しいと思わない青年の問題とは，戦後の日本が高度経済成長に伴って形成してきた「若者は恋愛をして，結婚し，子どもを生んで育てる」という"普通の生き方"から外れていることにあると考えられる。しかし，"普通の生き方"から外れているからといって，恋人を欲しいと思わない青年が悪いということではない。むしろ，"普通の生き方"から外れ

ている恋人を欲しいと思わない青年の考え方や生き方を理解できず，不思議なもの，あるいは異常なものとしてみてしまう側に問題があると思われる。第1章でも述べたように，日本は恋愛というものに非常に高い価値を置いている社会である。そのため，「みんな恋愛したいだろう，恋人が欲しいんだろう」とか，「みんな恋人を得るために努力しているし，努力すべきである」と多くの人は思い込んでおり，心理学における恋愛研究においても，そのような暗黙の前提があるように思われる。実際，青年が恋人を欲しいと思わないのは，本当は恋人が欲しい，恋愛したいにもかかわらず，コミュニケーション能力が低く，異性と話をしたり，恋愛したりすることができないため，そのような状況を自己正当化しようとして，恋人を欲しいと思わないようにしているだけだと断じる者もいる（森川，2015；読売新聞全国版2015年8月10日朝刊）。

　そのような社会のなかで，恋人を欲しいと思わない青年が「恋人なんて別に欲しくない」と声高に叫ぶのはなかなか難儀である。価値観が多様化しているといわれているわりに，恋人を欲しいと思わないというと，「モテない奴の強がりだ」，「同性が好きなのか？」，「オタクなんでしょ」などと，勝手なイメージを植えつけられる可能性もある。おそらく以前も，一定数は，恋人を欲しいと思っていない者はいたであろう。しかし，そのように思っていても，「恋人は欲しくない」と表明することを受け入れる素地が社会にはできておらず，また，調査においても，「恋人が欲しいですか」という設問すらなかった。近年，いくつかの調査で，恋人を欲しいと思わない青年の増加傾向が示されているのは，「恋人を欲しいと思わない」ことを表明することへの抵抗感が減り，少なくとも同年代には受け入れられるようになってきたため，「恋人を欲しいと思わない」ということを素直に表明できるようになってきたためであるとも考えられる。つまり，恋人を欲しいと思わない青年が増えたというよりは，今まで見えなかった，あるいは隠れていた恋人を欲しいと思わない青年が，ようやく表に出てこられるようになったことを意味しているのかもしれないのである。また，恋人を欲しいと思わない理由に着目すれば，恋人を欲しいと思わない青年について回るネガティブなイメージにはそぐわない一群がいることも明

らかにされている。恋人を欲しいと思わない青年がすべてネガティブな特性をもった"ダメなヤツ"なのではなく、そのなかには、自力でアイデンティティを確立し、充実した生活を過ごしている者もいるのである。

　このように考えると、恋人を欲しいと思わない青年を研究する意義は、これまで社会のなかで、そして、心理学の研究のなかで黙殺されてきた恋人を欲しいと思わない青年の存在を示し、その特徴や多様性を明らかにすることで、恋人を欲しいと思わない青年について回る偏見を少しでも抑制することにあると考えられる。心理学の研究には、そのような役割や意義もあるのである。

コラム4
恋人の有無を尋ねることは倫理的に問題があるのか？

　現在，どのような研究においても，研究者は研究倫理を遵守することが強く求められています。それは質問紙であっても実験であっても同じことで，研究をする前には，研究倫理委員会などで研究計画・内容の審査を受けることが推奨されており，投稿論文の審査の際にも，倫理的配慮・手続きについては，繰り返しチェックをされることが多いです。

　しかし，一言で研究倫理と言っても，それが何を指しているのかは，曖昧です。そのなかで，多くの倫理委員会や倫理審査団体は，独自の基準を設定していますが，その基盤となっているのが，文部科学省・厚生労働省（2014）の「人を対象とする医学系研究に関する倫理指針」です。この指針の「研究者等の基本的責務」のなかに「研究対象者等への配慮」という項があり，①研究対象者の生命，健康及び権利を尊重しなければならない，②事前にインフォームド・コンセントを受ける，③研究対象者などからの相談や問い合わせには迅速に対応しなければならない，④研究上，知り得た情報を漏えいしてはならない，⑤情報漏えいなどの問題が生じた場合は，研究機関の長などに報告しなければならない，という5点があげられています。"医学系研究"となっていますが，この5点はいずれも心理学の研究においても遵守されるべきであり，実際，多くの研究者は，これらを念頭に研究を進めています。

　さて，この5点のうち，②〜⑤までの4点については，人によって大きく解釈や理解が異なるような内容ではないと思います。ですが，①については，研究者によってずいぶんと解釈や適応範囲が異なります。どのような質問や実験であれば対象者の（精神的）健康や権利を脅かすと判断するのかは，その人の経験や価値観，あるいはこのような倫理的な問題に関する敏感さと関わっており，一様には決められません。以前，ある大学の先生に，恋愛に関する調査をお願いしたことがあります。前半は誰でも回答できる内容ですが，途中からは恋人がいる人だけに回答を求めるかたちの質問紙でした。内容的にも倫理的

な問題はなく，お願いした先生も実施できるでしょうと言ってくださいました。ところが，数日後，突然，実施することができなくなったと言われてしまいました。その理由は，その大学の研究倫理担当の先生から「恋人がいる人しか回答できない質問があることによって，（講義時間中に実施すると）周りの人に，恋人がいるかいないかがわかってしまい，恋人がいない人たちが傷つく」という指摘を受けたというものでした。つまり，恋人がいるかいないかを尋ねることは，恋人がいない人の精神的な健康を害すると判断されたわけです。同じような指摘は，セックス経験の有無やデート DV の加害・被害経験を尋ねる時にも受けたことがありますが，このような指摘を受けた以上，少なくとも依頼した大学での調査を強行することはできませんし，それによって研究が滞ってしまうこともあります。

　このように，対象者の（精神的）健康や人権の保全を重視しなければならないことは，研究者として当然の責務ではありますが，そのことに過敏になるあまり，対象者のもうひとつの権利――調査に回答する権利や機会――を奪ってしまっているのではないかとも思っています。私の主な調査対象者は大学生で，調査を実施する際にも，調査への協力は任意であること，回答を拒否できること，そして，回答を拒否しても，不利益は生じず，授業の評価などにも関わらないことを口頭や紙面で伝えています。そのうえで，大学生は自分の意思で回答をしているわけです。大学生ですから，説明についても理解できているでしょうし，この質問は嫌だな，気分が悪くなるなと思えば，自分で止めることができるはずです。回答者にそのような判断能力があるにもかかわらず，「恋人の有無を尋ねると，恋人がいない人が傷つく」という研究者側の判断で，調査に回答する権利や機会を奪ってもよいのでしょうか。

　私が恋愛関係に関する調査を行った際，質問紙の欄外に，「このアンケートに答えることで，自分が今している恋愛を客観的に見つめ直すことができまし

た。ありがとうございました。」と書いていた女子学生がいました。2週間後，その学生は彼氏と別れたと報告してきましたが，その顔は晴れ晴れとしたものでした。また，恋愛とは関係はないのですが，ある調査を中学校にお願いしたことがあります。事前に中学校の先生に質問紙をみてもらったところ，「先生のことが嫌いだ」，「友だちとうまくつきあえていない」というようなネガティブな表現の項目に対して，ポジティブな表現に変えるように求められました（「先生のことが好きだ」のように）。この時は，その項目の必要性や尺度構成上の理由などを説明し，何とか納得して実施してもらいました。後日，回収された質問紙をみると，「先生のことが嫌いだ」という項目に対して，「あてはまる」に何度も鉛筆で○を書いているものがいくつかありました。よほど先生のことが嫌いなのでしょう。ですが，そのようなことを正面から表現する機会はそうそうないので，ここぞとばかりに，先生が嫌いだということを強く表現したのでしょう。このように考えると，質問紙調査は，そのような自己客観視や自己表現の機会であるともいえるのです。

　面接調査についても，質問紙調査と同じように，面接を受けることで自分のことを客観視したり，自己表現をしたりすることができます。しかし，面接調査の場合，質問紙調査とは異なる倫理的な難しさがあります。面接調査では，質問紙調査以上に，対象者を長い時間拘束してしまいますし，恋愛というプライベートな内容や，場合によっては普段本人が意識していないことについて，詳細に話してもらいます。このこと自体がすでに対象者にとって負担が大きいですし，まして，面接者との間に信頼関係（ラポール）が形成されていない場合には，面接者が訊きたいことを話してくれなかったり，話すことに強い抵抗を感じたりすることもあります。さらに，「恋愛について研究している人＝恋愛のスペシャリスト」というイメージがあるようで，対象者が研究としての面接から逸脱することもあります。幸せな恋愛をしている対象者は，何を質問し

ても，「今，幸せです。悩みなんてありません」とのろけ話に終始しやすいですし，今の恋愛関係に悩んでいる対象者は，自分の悩みや不安を聞いてほしい，相談にのってほしいという思いから，こちらの質問に対して，「……なんですけど，どうしたらいいんですか？」と質問で返してくることもあります。日本発達心理学会が刊行している『心理学・倫理ガイドブック』（古澤・斉藤・都筑，2000）では，面接調査において検討すべき倫理的事項のひとつに「自分は，協力者の発言に共感しながら，しかも，一定の距離を取る面接者という役割に終始できるだろうか」という点をあげています。しかし，恋愛に関する面接においては，対象者の方がその"一定の距離"を超えて接近してくることが少なくありません。そのため，事前の信頼関係の形成はもちろん，研究の目的や意図，こちらの立場を明確に伝え，場合によっては対象者にあらぬ期待をもたせないような手続き・説明をしなければならないのです。

　心理学の場合，乳幼児，青年や高齢者，障がい者など対象者は多様です。また，実験や質問紙，面接など研究方法もさまざまですし，実験ひとつとっても，対象者に多大な負担をかけるものから，たいした労力のかからないものまであり，それは質問紙など他の研究方法でも同じことです。ですから，対象者の生命，健康，権利を守る配慮は当然ですが，「こんなことをしたら傷つくかもしれない」，「こんなことを尋ねたらかわいそう」など，過剰な配慮をすることは，対象者の自己客観視や自己表現の機会，あるいは心理学など学問に対して興味をもつ機会を奪ってしまうことになり，それこそ対象者の権利を尊重できなくなってしまいます。多様な対象者と多様な方法があるため，一様なルールを決めることができず，倫理的判断に慎重になることは理解できますが，少なくとも青年や大人であれば，自分で回答するかどうか，協力するかどうかは判断できるはずですから，研究者の倫理観と対象者の判断力を信頼したうえでの倫理的検討や倫理審査を期待するところです。

第5章

恋愛研究の展望

　これまでさまざまな心理学的な恋愛研究（論究や実証的研究）の紹介や，恋愛現象に対する考察を行ってきた。本章では，根本に立ち戻り，「なぜ恋愛を研究するのか」という恋愛研究の意義について考えるとともに，これまでの恋愛研究の問題点・課題を指摘し，さらなる恋愛研究の発展の方向性を示していく。

1　心理学が恋愛を研究する意義

▶ 恋愛研究に対する批判

　心理学の論文の多くが，「問題と目的」から始まるように，心理学では，何か問題があり，それを解明するために目的を立て，研究を行う。ここでいう"問題"には，理論的・概念的な問題と現象的な問題がある。理論的・概念的な問題とは，ある理論や概念に関して，「AとBとの間には関連があるはずだ」，「CとDとの間には，Eという点で差がみられるだろう」という仮説を立て，その仮説が実証・検証されることにより，理論的な空白が埋まったり，その理論がより精緻化・発展したりすることが期待されるものである。一方，現象的な問題とは，いじめや不登校・ひきこもり，自殺など，個人・対人・社会などさまざまなレベルにおいて問題であるとされる現象が存在し，「その現象がどのような心理的メカニズムで生じているのか」，「このような現象を抑制

するためにはどのようにしたらよいのか」など，現象の理解や対処を目的としたものである。もちろん，この2つの"問題"は明確に切り離せるものではなく，ある程度の重なりをもっていることが多い。

　では，恋愛研究については，どうであろうか。"理論的・概念的な問題"を扱った研究としては，第2章でも紹介したアダルト・アタッチメント理論が当てはまるであろう。この理論は，Bowlbyのアタッチメント理論を青年期・成人期に展開し，実証的研究によって，その展開が適切であることが確認され，さらに実証的な検証が蓄積されている。この理論では，アタッチメント・スタイルが不安定であることにより，適切な恋愛関係を構築することができないなど，現象的な問題も扱っていると考えられるが，やはり理論的・概念的な問題に寄っている研究であるといえる。一方，浮気やデートDV，失恋など，"現象的な問題"を扱った研究では，何か特定の理論に基づいて研究を進めるというよりは，その現象について，経験率やショック度，対処行動などひとつひとつの知見を積み上げていることが多く，また特定の理論に基づいて研究が進められていても，その目的は理論の精緻化・発展よりも，問題としている現象の解明にあるといえる。

　このように，問題の立て方や研究のスタンスは異なるものの，恋愛を研究する心理学者は，何らかの問題意識のもと，恋愛という特殊な関係性について研究を行っている。しかし，恋愛研究は，少なくとも1990年代までは，それほど盛んに行われておらず（現在でも盛んであるとは言いがたいが），時に批判・非難を受けてきた。古畑（1990）は，愛に関する研究が隆盛にならなかった理由として，①愛に関する議論があまりに広範囲にわたっているために，焦点を定めがたい，②研究に対して倫理的制約が加わりやすい，③愛のテーマを研究しようとすると，厳密な科学的心理学者とはみなされず，研究費も得にくい，という3点をあげている。また，恋愛を研究すること自体に対する批判や，恋愛を研究する研究者に対する冷やかなまなざしも存在しているとされている（松井，1998）。さらに，「どうやったら異性にモテるのか」，「恋人の浮気をやめさせるには，どうしたらよいのか」，「後腐れない別れ方をするには，ど

うしたらよいのか」など，一般の人が求めるような HOW TO に恋愛研究が十分に応えられないことも，恋愛研究の批判につながっていると考えられる。

▶ 恋愛研究の意義①——青年における恋愛の重要性

このような批判に対し，松井（1998）は，恋愛や性の研究意義を3点にまとめている。1点目は，人とりわけ青年にとって恋愛や性の問題が重要な意味をもっており，また，恋愛や性に関する事柄は，青年にとって不安や悩みの源泉であるためである。たとえば，高比良（1998）は，大学生が過去3カ月以内に経験した悩みとして，「恋人が欲しいのに，できない」は37.6%，「自分が望むより，恋人とのデート回数が少なかった」は19.4%，「いやな人から交際を迫られた」は13.3%，「ある異性の関心を引こうとしたが，うまくいかなかった」は12.5%が，それぞれ選択されている。また，日本性教育協会（2013）が全国の中学生・高校生・大学生を対象に，「性について知りたいこと」を選択式で尋ねたところ，「恋愛」という回答は中学生・高校生男女で最も多く，大学生男女でも「男女の心の違い」に次いで2番目に多かった（「特に知りたいことはない」を除く）。

このように，青年は恋愛や性に対して関心が強く，また，悩むことも多い。しかし，恋愛や性に関する悩みは，なかなか人には相談しづらく，相談したり，情報を得たりする相手は，たいていの場合，ほとんど知識や経験に違いがない同性友人や先輩であったり，安直な恋愛 HOW TO を頻繁に特集する雑誌，ジェンダー・ステレオタイプを色濃く残しているマンガ，さらにはアダルトビデオやアダルトサイトである。日本性教育協会（2013）によると，恋愛について学校で教わった覚えがある者は，30%程度しかおらず，また，恋愛ではないが，性交（セックス）の情報源としては，「友人や先輩」が多く，また男性では「インターネット」が多いことを示している（図5-1）。当然，友人や先輩も含め，このような情報源には，さまざまな面での偏りや憶測，願望などが入り混じっているが，青年のなかでもメディア・リテラシーが十分に育っていない者は，これらから得る情報を真に受け，実践しようとして，異性との

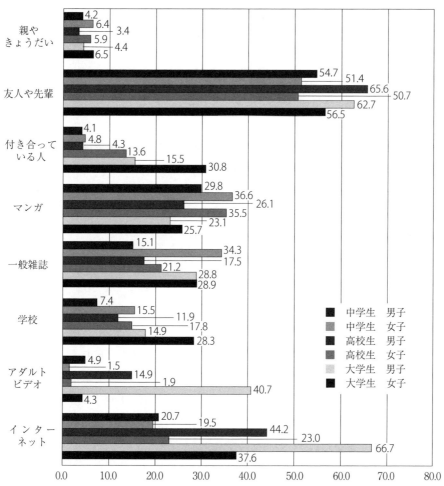

図 5-1　性交（セックス）の情報源（％）（日本性教育協会（2013）より作成）

関係でトラブルや混乱を生じさせることもある。

　心理学が恋愛を科学的手法を用いて研究することにより，まずは，このような関心や悩みを誰もが有していることを明らかにし，「このようなことを考えているのは自分だけではないんだ」という安心感を青年に与えることができる。また，恋愛関係の進展や恋愛関係上のトラブルへの対処，失恋からの立ち

直りなど，一般的な法則・傾向を明らかにすることで，青年が自身の恋愛の仕方や現在の恋愛関係を考えるきっかけを提供することにもなるであろう。先ほど指摘したように，必ずしもすぐに役立つようなHOW TOを心理学による恋愛研究は提供できないが，青年が自ら考え，自分で答えを出すための材料を提供することができると考えられる。

▶ 恋愛研究の意義②——青年を取り巻く大人にとっての重要性

　松井（1998）があげる恋愛や性に関する研究意義の2点目は，恋愛をする青年を取り巻く人々，たいていは親や教師などの大人にとっての重要性である。

　青年にとって恋愛は重大な関心事のひとつであり，異性や「恋愛をする」ということそのものに対して憧れをもち，実際に恋愛関係に至る青年も少なくない。一方で，特に中学生や高校生であれば，恋愛に現を抜かさずに，勉強や部活動に一生懸命取り組んでもらいたいと思うのは，多くの親や教師に共通する思いであろう。"青年期の恋愛はエネルギーの奪い合い"であるという考え方からすれば，恋愛にエネルギーを使うということは，勉強や部活動へ注ぐエネルギーは相対的に減ることになる。勉強や部活動に一生懸命取り組んでもらいたいと願う親や教師からすると，青年が恋愛に関心をもち，恋人ができることは，手放しでは喜べないことである。そのため，親は，「自分の子どもには恋人がいるのか？　いるとしたら，どんな相手なのか？」と，子どもの恋愛事情を気にし，学級内や部活内の生徒の恋愛事情を把握している教師も少なくない。

　また，かつて青年の恋愛は，「不純異性交遊」という非行のひとつとして問題視されていたが，現在では，別の理由で問題視されることがある。デートDVやストーカーのようなトラブルあるいは事件が生じることもあり，また，現代の恋愛が性交と密接に関わっていることによって生じる望まない妊娠や性感染症のリスクと，そのリスクを回避するための知識や手段の欠如という問題が，青年の恋愛関係には存在する。植木（2009）は養護教諭の立場から，宋（2014）は産婦人科医の立場から，青年の性のトラブルや問題を紹介している。親や教師は，このような恋愛や性に関するトラブルや問題から青年（自分

の子どもや生徒）を遠ざけたり，少なくとも，そのようなリスクを低減するために，青年の恋愛状況を把握しようとする。

　しかし，このような思いに反して，青年は親や教師に，自分の恋愛関係について話したり，相談したりはしない。榎本（1997）は高校生や大学生の自己開示について，開示する自己の側面と開示する相手による違いを検討しているが，高校生も大学生も両親に対する自己開示のなかでも，性的自己や異性関係に関する自己開示は低い値を示している。また，高校生の教師に対する自己開示は全般的にあまり行われていないが，そのなかでも，性的自己や異性関係に関する自己開示は行われていない。親や教師が自分の子ども／生徒の恋愛状況を知ろうとしても，青年は親や教師には教えたりはしないのである。

　恋愛研究の意義は，このように親や教師が直接子ども／生徒に尋ねることができない青年の恋愛や性に関する情報を提供し，現代の青年の恋愛のあり方や，そこで生じるトラブルや問題の実態を明らかにするとともに，恋愛に関するさまざまな現象や問題の心理的メカニズムを説明することで，青年の理解や青年との関わり・支援に活かせるような，現代青年の一般的な恋愛像を示すことであると考えられる。青年に「恋愛をするな」と言うことは意味がなく，「恋人と性交するな」と言うのも，現実的ではない。何でも禁止し，遠ざけるのではなく，恋愛をしたり，性交したりする子ども／生徒をどう理解し，そのような子ども／生徒とどのように関わっていくかを考えるきっかけになるのであれば，恋愛研究にも社会的意義があるといえるであろう。

▶ 恋愛研究の意義③——心理学理論上の重要性

　松井（1998）があげる恋愛や性に関する研究意義の3点目は，心理学理論上の重要性にある。二者関係に関する研究を行うのであれば，恋愛関係に限らず，親子関係や夫婦関係，友人関係でもよいはずである。しかし，第1章でも述べたように，恋愛関係は，親子関係の血縁や，夫婦関係の社会的制約のような外的な要因によるものではなく，自らの意思で，その関係の開始や維持・継続，あるいは終了を決めたり，判断したりすることができる関係である。しか

も，そのような主体的な決定・判断は，友人関係では明確にみられないものである。その点で，恋愛関係は他の関係性に比べ，特殊な関係であり，個人の意思・主体性が行動に関連・反映しやすい関係でもある。このような特徴から，恋愛関係は，心理学の諸理論がその妥当性を検証しやすい現象であるといえるのである。

　また，人が恋愛をしている時には，さまざまな意識・認知が生じるとともに，強い感情も経験される。立脇（2007）は，異性交際中に生じる感情には，情熱感情，親和不満感情，尊敬・信頼感情，攻撃・拒否感情の4種類があり，恋人との関係では，片思いや異性友人関係に比べ，情熱感情や尊敬・信頼感情に加え，攻撃・拒否感情も強いことを明らかにしている。また，尊敬・信頼感情は関係満足度を高め，情熱感情は関係継続意志を高める一方，攻撃・拒否感情は，関係満足度も関係継続意志も低めることも示されている。恋愛関係は，このような多様な感情が同時に，しかも強烈に生じることが多いため，意識・認知と感情，あるいは，感情と行動との関連を検討するのに，適した関係あるいは状況であるといえる。

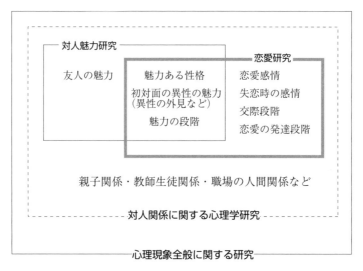

図5-2　対人魅力研究と恋愛研究の位置づけ　（松井（1993b）より作成）

図5-2は、松井（1993b）が、恋愛研究に関わる心理学の理論を模式的に整理したものである。これによると、恋愛に関わる心理学の研究分野は、対人魅力研究と恋愛研究に大別されている。また対人魅力研究や恋愛研究は、社会的交換理論や愛着理論など、対人関係に関わる理論の一部であり、これら対人関係に関する理論は、帰属理論や精神分析、進化論など、心理現象全般に関する研究に包括されている。つまり、どのような研究テーマであっても、恋愛関係に焦点を当てた研究が可能であるともいえるのである。近年では、小塩（2000）は、青年期の自己愛の特徴を検討するために、自己愛と異性への態度やラブ・スタイル、過去の恋愛経験との関連を明らかにしており、武田・沼崎（2010）は、認知バイアスの観点から、恋愛関係におけるナイーブ・シニシズムについて検討している。

このように、現在では、さらに多くの理論が、恋愛関係の研究をとおして、その理論の妥当性を検証している。それは、恋愛関係がさまざまな理論から多面的に検討されているともいえるのである。

▶ 恋愛研究の意義④──ライフコースにおける重要性

最後に、松井（1998）はあげていないが、重要な研究意義である、ライフコースにおける重要性を指摘する。ライフコース、つまり、人の一生に恋愛が重要な意味を有しているため、心理学は恋愛の研究をするのである。

国立社会保障・人口問題研究所（2012a）は、女性のライフコースについて、女性には「理想」と「予想（実際になりそうな人生のタイプ）」を、男性にはパートナー（あるいは妻）となる女性に求めるライフコースについて、回答を求めている（表5-1）。その結果、女性の88.8%は、「DINKS」、「両立」、「再就職」、「専業主婦」という、結婚をするライフコースを「理想」として選んでいる。また、男性の85.3%も、パートナーがこれら4つのライフコースのいずれかを選択することを期待している。「専業主婦」については、女性の「理想」に比べ、男性の「期待」が10%ほど低いが、他のライフコースについては、女性の「理想」と男性の「期待」に大きな差異はみられていない。一

表5-1　18〜34歳未婚女性の「理想」のライフコースと予想されるライフコース，および18〜34歳未婚男性のパートナーに期待するライフコース（%）

ライフコース	女性の理想	女性の予想	男性の期待
非婚就業継続コース	4.9	17.7	3.7
DINKSコース	3.3	2.9	2.6
両立コース	30.6	24.7	32.7
再就職コース	35.2	36.1	39.1
専業主婦コース	19.7	9.1	10.9
その他	1.5	2.1	4.0
わからない	0.4	0.5	1.1
不詳	4.5	7.0	5.8

（国立社会保障・人口問題研究所（2012a）より作成）

方，女性の「予想」では，「非婚就業継続」が，女性の「理想」よりも10%以上多くなっている。つまり，働き方のスタイルは異なるが，男性も女性も，多くは「結婚したい」，「結婚するだろう」と考えている。しかし，そう考えている女性のうち，10%ほどが，「実際は結婚できないだろう」と予想していることがうかがわれる。

　また，溝口（2013）は，大学生を対象に，結婚願望と結婚予想について尋ねている。その結果，大学生男子の79.7%，女子の82.7%が結婚願望（「どちらかといえば結婚したい」，「結婚したい」の合計）を有していることが明らかにされている。しかし，結婚願望を有している者のうち，実際に結婚できる（「どちらかといえば結婚できると思う」，「結婚できる」の合計）と回答した者は，男子で59.3%，女子で47.7%であり，約半数は，結婚願望をもってはいるが，実際に自分が結婚できるかどうかはわからない，あるいは結婚できないと思っていることが明らかになっている（表5-2，表5-3）。対象者全体でみると，結婚できると予想している者は男子で51.4%，女子で40.4%であり，結婚願望と結婚予想には乖離があることが示されている。

　当然のことであるが，結婚願望をもっていたとしても，結婚できるとは限らない。厚生労働省が行っている21世紀成年者縦断調査では，第1回調査時点

表5-2　大学生男子の結婚願望と結婚予想

結婚願望＼結婚予想	結婚できないと思う	どちらかといえば結婚できないと思う	どちらともいえない	どちらかといえば結婚できると思う	結婚できると思う	合計
結婚したくない	5名 (83.3%)	0名 (0.0%)	0名 (0.0%)	1名 (16.7%)	0名 (0.0%)	6名 (100.0%)
どちらかといえば結婚したくない	0名 (0.0%)	1名 (33.3%)	1名 (33.3%)	1名 (33.3%)	0名 (0.0%)	3名 (100.0%)
どちらともいえない	1名 (16.7%)	2名 (33.3%)	2名 (33.3%)	1名 (16.7%)	0名 (0.0%)	6名 (100.0%)
どちらかといえば結婚したい	4名 (25.0%)	2名 (12.5%)	7名 (43.8%)	2名 (12.5%)	1名 (6.3%)	16名 (100.0%)
結婚したい	2名 (4.7%)	2名 (4.7%)	7名 (16.3%)	18名 (41.9%)	14名 (32.6%)	43名 (100.0%)
合計	12名 (16.2%)	7名 (9.5%)	17名 (23.0%)	23名 (31.1%)	15名 (20.3%)	74名 (100.0%)

（溝口（2013）より作成）

表5-3　大学生女子の結婚願望と結婚予想

結婚願望＼結婚予想	結婚できないと思う	どちらかといえば結婚できないと思う	どちらともいえない	どちらかといえば結婚できると思う	結婚できると思う	合計
結婚したくない	4名 (100.0%)	0名 (0.0%)	0名 (0.0%)	0名 (0.0%)	0名 (0.0%)	4名 (100.0%)
どちらかといえば結婚したくない	2名 (40.0%)	1名 (20.0%)	1名 (20.0%)	1名 (20.0%)	0名 (0.0%)	5名 (100.0%)
どちらともいえない	2名 (22.2%)	4名 (44.4%)	3名 (33.3%)	0名 (0.0%)	0名 (0.0%)	9名 (100.0%)
どちらかといえば結婚したい	6名 (14.6%)	6名 (14.6%)	19名 (46.3%)	10名 (24.4%)	0名 (0.0%)	41名 (100.0%)
結婚したい	1名 (2.2%)	1名 (2.2%)	12名 (26.7%)	18名 (40.0%)	13名 (28.9%)	45名 (100.0%)
合計	15名 (14.4%)	12名 (11.5%)	35名 (33.7%)	29名 (27.9%)	13名 (12.5%)	104名 (100.0%)

（溝口（2013）より作成）

表 5-4　結婚意欲と 10 年後の結婚状況との関連

2012年時の年齢		2002年時の結婚願望 絶対したい	なるべくしたい	どちらとも言えない	あまりしたくない	絶対したくない
男性	26〜30歳	91.2%	79.8%	65.6%	60.9%	11.1%
	31〜35歳	58.5%	42.2%	28.2%	19.2%	0.0%
	36〜40歳	31.1%	29.2%	14.8%	20.0%	6.3%
女性	26〜30歳	89.3%	91.0%	75.0%	73.5%	30.0%
	31〜35歳	54.2%	47.6%	47.6%	32.1%	15.0%
	36〜40歳	28.9%	28.6%	17.9%	8.5%	23.1%

(厚生労働省（2013）より作成)

（2002 年）での結婚願望と 10 年後（2012 年）の結婚状況との関連を示している（表5-4）。これをみると，結婚願望が強い方が 10 年後に結婚している割合が高く，しかも第 1 回調査時点での年齢が若いほど，その傾向が強くみられている。一方で，10 年前に「21 〜 25 歳」（2012 年時「31 〜 35 歳」）であった者のうち，結婚を「絶対したい」と回答していた者でも，実際に結婚できているのは半数程度にとどまっており，当時「26 〜 30 歳」（2012 年時「36 〜 40 歳」）であった者では，「絶対したい」と回答していた者の 3 分の 1 弱しか結婚できていない状況にある。

　このように「理想」や「願望」と「予想」あるいは実際の結婚状況との乖離・差の要因として，恋愛があると考えられる。現在の日本の結婚の約 90%が恋愛結婚であり，「恋愛しなければ結婚できない」状況にある。どれほど結婚を組み入れたライフコースを強く望んでも，結婚の前段階にある恋愛関係が構築できなければ，そのようなライフコースを歩むことは難しい。しかも，18〜 34 歳の未婚者で恋人・婚約者がいる者は，男性の 4 人に 1 人，女性の 3 人に 1 人と少数派であり，まずはこの少数派に入ること自体が難しいのである。このように考えると，恋愛は，就職や出産と並ぶほど，ライフコースの選択に影響力をもっているといえるのかもしれない。

　もちろん恋愛が必ずしも結婚に直結するわけではない。リクルートブライダ

ル総研 (2012) は，結婚までに交際した人数の平均は，男性で 4.96 人，女性 4.49 人であることを示している。つまり，恋愛関係が構築できたとしても，3 〜 4 人とは別れることになる。しかし，失恋に終わる恋愛関係も青年にとっては意味がある。第 3 章で論じたように，青年期の恋愛関係はアイデンティティ形成と密接に関連している。青年のなかには，恋人からエネルギーをもらい，自信をもって，アイデンティティ形成に取り組むものも少なくない。しかも，北原ほか (2008) や髙坂 (2014b) が示唆しているように，恋愛経験が多ければ多いほど，アイデンティティ形成は進展し，その関係が崩壊したとしても，アイデンティティが拡散・衰退することは少ない。青年は，失恋の経験さえも糧にして，アイデンティティを形成し，自らのライフコースを選択していくのである。

　一方，恋愛経験が必ずしも青年にとってポジティブに働くわけではない。恋人への過剰な依存によって，学業・仕事がおろそかになり，学校・仕事を辞めてしまう者も少なからずいる。恋人ができたことによって，友人関係，時には親子関係さえも疎遠になることもある。相手からの束縛やデート DV，浮気をされたり，ストーカー被害にあったりするなど，交際相手から心理的・身体的に傷つけられることもあるであろうし，失恋から立ち直れずに，自ら命を絶つ者までいる。

　「恋は盲目」というように，恋愛しているとき，人は冷静で，理性的な判断ができなくなることがあり，普段であれば選択しないような行動を選択し，普段しないような判断をすることがある。たったひとつの恋愛が，青年を喜ばせ，充実させ，幸せにさせる一方，悩ませ，苦しめ，不安にさせる。そして，そのような恋愛をしなければ進まなかったはずのライフコースを，青年に選択させるのである。一生ひとりで生きていくと決めていた者が，ひとりの異性と出会ったために，結婚願望をもつこともあるであろうし，結婚や幸せな家庭を強く望んでいた者が，ひとつの恋愛関係の末，絶望し，もう恋愛を求めようとしなくなることもある。青年期においては，親子関係や友人関係が，ここまで人のライフコースに影響を及ぼすことは少ない。このようにライフコースに強

い影響力をもつからこそ，人は恋愛に関心をもち，恋愛関係をもとうとし，一方で，そのような恋愛を回避しようとするのかもしれない。恋愛がもつライフコースへの影響力の強さこそ，恋愛を研究する意義であろう。

2 恋愛研究の展望

これまで個別のテーマに関する研究については，その特徴や問題点について述べてきた。ここでは，本書の最後として，前節のような研究意義をもつ心理学による恋愛研究が今後すべき研究の方向性やあり方について，いくつか提起をしておく。

▶ 調査対象範囲の拡大

恋愛研究に限らず，心理学の研究でよく指摘されることとして，対象が大学生に限定されている点があげられる。恋愛研究において大学生を調査対象とする積極的な理由をあげるとすれば，他の年代に比べ，恋愛関係にある者の割合が多いという点である。第1章でも述べたように，日本性教育協会（2013）の調査の結果，恋愛関係にある割合は，中学生で10%強，高校生で25%程度であるのに対して，大学生では35%強になる。大学生以上の20代後半や30代前半になると，結婚して調査対象から抜ける者も出てくるため，独身で恋人がいる者は20%台になる。近年一般的になってきたWeb調査のように，最初から恋人がいる者だけを対象とした調査であれば別であるが，恋人がいるかどうかわからない集団を対象に，一斉調査を行う場合，大学生を対象に行った方が，恋人がいる者に当たる確率は高く，効率的であるといえる。もちろん消極的な理由としては，研究者の多くが大学に勤務しており，目の前で講義を受けている大学生を調査対象とすることが，最も容易である点があげられる。

しかし，恋愛は必ずしも大学生のような青年期後期特有の現象ではない。日本性教育協会（2013）では，初めてデートした年齢や初めてキスをした年齢として，中学生では12～13歳が多く，高校生や大学生では13～16歳が多くあ

げられている。初めてセックスした年齢も，高校生では15〜16歳，大学生では17〜20歳が多くあげられており，中学生や高校生にとっても，恋愛関係は身近な関係のひとつであるといえる。また，未婚化・晩婚化や離婚率の増加，長寿命化などにより，中年期や老年期でも異性との出会いを求める者は少なくない。結婚相談所最大手のオーネットによると，登録会員で最も多い年齢層は30代から40代前半であり，50歳以上も男女それぞれ10%程度いるとされている。もちろん，中学生や高校生の恋愛と，結婚相談所に登録するような30代以上の恋愛，そして，多くの研究で対象となっている大学生の恋愛では，結婚を念頭に置いているかどうか，職業・収入があるかどうか，自我発達の程度など，さまざまな点で異なっているため，同質のものと考えることは困難である。言い換えれば，それぞれに共通する部分を見出すとともに，各年齢段階や社会・経済的立場，心理発達の状況などによる恋愛のあり方の差異を見出していく必要がある。

　この調査対象者の問題は，松井（1998）や立脇・松井・比嘉（2005）などですでに指摘されている点であり，心理学における恋愛研究は20年近くもの間，この調査対象者の問題を解決することができていないともいえる。しかし，それは単に研究者側の怠慢とは言い切れない。中学生や高校生を対象として調査を実施する場合，Web調査や街頭での調査を除けば，その多くは中学校や高校に調査協力を依頼し，学校からの承諾と協力を得て実施することになるのであるが，この学校からの承諾と協力を得ることが非常に困難な状況にある。それは，ホームルームなどの時間を割いてまで調査に協力する学校側の時間的余裕とメリットのなさもあげられるが，それ以上に，恋愛に関する調査をすること自体を，学校側がタブー視している場合がある。中学生や高校生では恋人がいる者が少ないために，「恋人がいない生徒がかわいそう」という理由もあれば，キスや性交などの恋愛行動を尋ねることをプライバシーの侵害や学校という場にふさわしくないという意見もある。また，恋愛に関する調査を行うことで，これまで恋愛や性行動に関心がなかった生徒も関心をもち，色めき立つのではないかという「寝た子を起こすな」的な発想も見受けられる。この

ような懸念から，よほど強い信頼関係が構築されていないと，中学校や高校で恋愛に関する調査を実施するのが難しく，そのため，中学生や高校生の恋愛に関する知見が蓄積されないのである。

しかし，先ほども述べたように，初めてのデートやキス，セックスの経験は，中学生から高校生に相当する年齢で多くみられている。また，調査時点という一時点において恋人がいる高校生は20%程度であるが，高校生でのデート経験（これまでに一度でも異性とデートをした経験）は男女ともに50%を超え，キス経験は40%程度となっている（日本性教育協会，2013）。また，横浜市市民活力推進局（2008）の調査では，高校生女子の21.0%，高校生男子の12.5%が，何らかのデートDVを受けたことがあるとされている。なかには，ストーカーや望まない妊娠など，恋愛関係から深刻なトラブルに発展するケースもあるであろう。

安易に調査対象者を広げればよいというわけではなく，中学生や高校生を対象とする研究の意義を明確にするとともに，学校など各種機関もその意義を理解し，調査を実施することもひとつの教育のきっかけとして考えることによって，これまで見えていなかった中学生や高校生の恋愛の実態とそこで生じている心理的なメカニズムが明らかにされるであろう。

▶ 恋人を欲しいと思っている青年に関する調査

恋愛研究における調査対象に関しては，もうひとつ別の問題が存在する。それは，恋人がいない青年に関する研究・調査が行われていないという問題である。もちろん，ラブ・スタイルやアダルト・アタッチメントに関する調査は，恋人がいてもいなくても回答ができるため，恋人がいない青年も調査対象に含まれる。一方，恋愛関係に関する研究・調査でよくみられるものとして，恋人がいる青年については恋人を思い浮かべて回答してもらい，恋人がいない青年には，最も親密な異性の友人を思い浮かべて回答してもらい，その両者に対する感情や意識，行動を比較しようとするものである（立脇，2007など）。もちろん，この場合，研究者の関心は，恋人がいる青年の感情や意識，行動であ

り，恋人がいない青年の回答はその比較対象でしかない。

　また，第4章でも紹介したように，近年では，恋人がいない青年を恋人を欲しいと思っている青年と欲しいと思っていない青年に分けて，検討することもある（髙坂，2011b, 2013b）。恋人を欲しいと思わない青年については，非婚化などの社会的問題と関連づけられて関心が高まっており，今後も研究は増えていく可能性がある。一方で，恋人がいないが，恋人を欲しいと思っている青年は，恋人を欲しいと思っていない青年の比較対象であり，研究の中心とはなり得ていない。

　しかし，恋人がいる青年，恋人を欲しいと思っている青年，恋人を欲しいと思っていない青年と分けた場合，最も困難を抱えているのは，恋人を欲しいと思っている青年なのかもしれないのである。恋愛関係をもっていることで，何らかの悩みやトラブルが生じることもあるだろうが，基本的に，恋人がいる青年は精神的に健康で，アイデンティティ確立の程度も高い。恋人を欲しいと思っていない青年は，「恋人は欲しくない」という思いと，実際に「恋人はいない」という状況が合致しているため，その点では悩みは少ないのかもしれない。一方，恋人を欲しいと思っている青年は，欲しいと思っているにもかかわらず恋人ができないという状況にある。高比良（1998）の大学生の悩みの調査でも，「恋人が欲しいのに，できない」という悩みを，37.6％が経験しており，そのことがストレスを引き起こしていることが考えられる。しかも，髙坂（2011b, 2013b）の結果から，大学生男子の5割，大学生女子の4割が恋人がおらず，欲しいと思っていることが示されていることから，恋人を欲しいと思っている青年は，大学生の中で最も多いタイプであるといえる。

　このような恋人を欲しいと思っている青年にとっては，「どうしたら恋人ができるのか？」，「意中の相手を振り向かせるにはどうしたらよいのか？」というような，まさに HOW TO 的な知見が求められている。もちろん，そのような問いに，対人魅力研究や異性関係スキル・恋愛スキル研究（相羽・松井，2013 など），あるいは第3章で紹介したエネルギー論から，ある程度は回答可能ではある。しかし，このような問いに対して正面から向き合った研究が少な

いのは，恋人が欲しいと思っているのにできないのは，その青年個人の特性（容姿，パーソナリティ，努力不足など）に帰属されやすいことと，研究者が積極的に恋人づくりに働きかけるような研究を回避していることが考えられる。

「どうしたら恋人ができるか？」という直接的な問いに応える研究ではなくとも，「恋人が欲しいのに，できない」と悩んでいる青年が，そのようなストレス状況に対してどのような対処行動をとっているのか，どうしてそれほどまでに恋人を欲しいと思っているのか，恋人ができない（いない）ことが，友人関係や他の行動にどのように関わっているのかなど，さまざまなテーマ・検討課題が考えられる。恋愛研究がこれまで光を当ててこなかった目立たない多数派に光を当てることで，さらに恋愛研究が深まるのではないかと考えられる。

▶ カップル単位の調査・分析

恋愛関係を心理学的に理解しようとする場合，一方の意識や感情だけを調査したのでは，その関係そのものを捉えたことにはならない。回答した側が恋愛関係を肯定的に捉え，その関係に強くコミットしていたとしても，調査対象者とならなかったもう一方は，その恋愛関係に失望し，別れを考えている場合も考えられる。このようなカップル間の意識や感情のズレや，一方の意識や感情がもう一方の意識や感情に及ぼす影響など，恋愛関係を相互作用関係として捉えるためには，カップルを単位としたデータを収集し，分析する必要がある。しかし，カップル単位のデータ収集の必要性は，立脇・松井・比嘉（2005）でも指摘されているが，実際にカップル単位でデータを収集している研究は少ないままである。

カップル単位でデータを収集・分析している研究としては，第 2 章のアダルト・アタッチメント理論で紹介した金政（2009）の"悲しき予言の自己成就"に関する研究がある。金政（2010, 2013）は，青年期の恋愛関係だけでなく，青年－母親関係や中年期の夫婦関係，青年期の友人関係など，多様な二者関係のデータを収集している。これらの研究では，一方の関係不安が本人および相手（恋人や母親）のネガティブ感情を生起させ，その結果，両者のネガティブ

な関係評価につながることを明らかにしている。また，栗林（2006）や赤澤（2006）は，男性の特性（ラブ・スタイルや性別役割認知など）と女性の特性の間の相関を検討したり，男女の特性の組み合わせによって関係満足度などを比較している。

　また，近年，恋愛関係の一方から得たデータを用いた個人の意識や感情だけでなく，心理的な一致や共感的理解のような二者間の間主観性を捉えることにより，恋愛関係の安定性や両者の行動予測が可能になってきている。具体的には，清水・大坊（2007）では，個人レベルにおいて，恋人との相互作用の多様性と関係安定性との間に正の関連がみられている。一方，カップルレベルでは，ペアワイズ相関分析を用いて分析を行い，恋人との相互作用の多様性と強度が，関係安定性と正の関連を示していることを明らかにしている。この結果は，パートナーから強い影響を受けていると思うことが，個人の関係に対する評価を高めているのに対し，2人のコミュニケーションに関するレパートリーの広さや影響力の強さがカップル全体の関係安定性を高めていることを示唆している。また，浅野（2011）では，個人レベルの効力期待である自己効力感ではなく，恋愛関係にある両者の間で共有された効力期待である関係効力性に着目し，マルチレベル構造方程式モデリングを用いて，関係効力性がカップル双方のポジティブ感情やネガティブ感情に及ぼす影響を検討している。その結果，カップルレベルにおいて，関係効力性は，ネガティブ感情には影響を及ぼさなかったものの，ポジティブ感情を高めることが明らかにされている。この結果から，両者のポジティブ感情を促すためには，どちらか一方ではなく，「自分たちは良い関係をつくることができている」という期待を2人で共有することが重要であることが示されている。

　このような分析手法の確立により，個人の特性がその個人の現在の交際に対する認知や評価に影響を及ぼすという個人の心理的プロセスに関する研究だけではなく，2人の間主観性が2人の現在の交際に対する認知や評価に及ぼす影響というダイアドレベルのプロセスに関する研究もできるようになっている。ダイアドレベルの研究からは，これまでの恋愛関係の知見では明らかにされて

こなかった知見が，見出される可能性は極めて高く，カップル調査を行う意義がさらに高まったといえる。

▶ 生活空間を見通した研究

これまでの恋愛研究の多くは，「このようなパーソナリティの人は恋愛関係満足度が低い」とか，「良い恋愛関係を構築できていると思っているほど，抑うつ的ではない」というように，個人の特性（恋愛観やアイデンティティ，パーソナリティ，精神的健康，適応など）と恋愛関係に対する認知・評価との関連を検討しているものが多くみられる。

しかし，実際の青年は，恋愛関係のなかだけで生活しているのではなく，勉強や仕事，アルバイトをしていたり，親や友人と関わったりしている。サークル・部活動をしている者もいれば，将来の目標に向かって努力している者もいるであろう。青年にとって好きな人ができることや，恋人ができること，さらには失恋することは，それまでの生活を一変させる可能性があるほど，インパクトの大きな出来事である。そのため，恋愛関係に対する認知・評価と関連するものは，個人の特性にとどまらないと考えられる。

恋人ができたことで，勉強に身が入らず，授業への出席状況や成績が悪化する者もいるであろうし，反対に，恋人がいることによって，それを励みとして，勉強や仕事，資格取得などに取り組む者もいるであろう。また，恋人ができてから，友人とのつきあいが疎遠になる者もいるであろう。竹内（2011）は，恋人がいる大学生を対象に調査をし，アイデンティティが低いほど，恋人ができることによって，同性友人関係が疎遠になることを明らかにしている。

青年（子）の恋愛状況が親子関係に影響を及ぼすことも考えられる。第2章で紹介したアタッチメント理論は，乳幼児期の養育者とのアタッチメントのあり方が，青年期・成人期における恋愛関係・夫婦関係に影響を及ぼすとしている。また実証的には，吉田（2008）が，親子関係や両親の夫婦関係の良さに対する青年の認知・評価が，青年の恋愛イメージなどに影響を及ぼしていることを明らかにしている。このように親子関係が青年の恋愛関係に何らかの影響を

及ぼしていることは，これまでにも言及されてきているが，その逆も考えられるのではないだろうか。つまり，青年に恋人ができたことによって，これまで比較的寛容だった親が，急に門限を設定したり，恋人との関係に干渉したりしてくるようになることは考えられる。恋愛に対する考え方や恋人との交際の仕方の違いによって，親子間の仲が悪くなることも想定される。

　このように，恋人ができたり，恋人と別れたりすることは，青年個人の精神的健康や適応のみならず，親子関係や友人関係など，同時点における他の人間関係にも影響を及ぼすであろうし，勉強や仕事，資格取得などのキャリア形成に関わる行動にも関わっていると考えられる。青年期の恋愛関係の重要性や影響力の大きさを理解するためにも，恋愛研究は，恋愛関係にとどまっていてはいけないのである。

▶ ライフコースを見通した研究

　前節で指摘したように，恋愛研究の意義のひとつとして，ライフコースへの重要性があげられる。恋愛をするかしないかは，結婚をはじめとするライフコースの選択に大きく関わっており，その関連性を示すことが求められる。

　たとえば，結婚に関して，労働政策研究・研修機構（2005）の調査では，年収が1500万円以上の30〜34歳男性では，90.0％が結婚しているが，年収が150万円〜199万円では，34.0％しか結婚できていないことが明らかにされている。また，厚生労働省は，2002年10月末時点で20〜34歳であった男女を対象に縦断調査をしている。その結果，学校卒業後の就業形態が「無職」であった場合，「正規雇用」よりも結婚している割合が低いことや，30歳以上の男性において，収入が高くなるほど，結婚している割合が高いことなどが示されている（厚生労働省, 2013）。さらに，国立社会保障・人口問題研究所（2012b；表5-5）によると「夫婦が最終的に結婚を決めた理由」では，「年齢的に適当な時期だと感じた」が最も多く，対象者の約半数がこの理由を選択している。次いで，「できるだけ一緒に暮らしたかった」や「子どもができた」が続いており，特に「子どもができた」では，25歳未満の若い回答者で選択

表5-5　夫婦が最終的に結婚を決めたきっかけ（複数回答あり；%）

妻の結婚年齢	（人数）	結婚資金の用意ができた	結婚生活のための経済的基盤ができた	自分または相手の仕事の事情	できるだけ早く一緒に暮らしたかった	年齢的に適当な時期だと感じた	できるだけ早く子どもがほしかった	子どもができた	友人や同年代の人たちの結婚	親や周囲のすすめ	その他
25歳未満	（260名）	5.0	8.5	4.6	28.1	24.6	5.8	50.0	1.9	5.8	3.5
25〜29歳	（484名）	5.2	12.6	12.8	22.7	53.9	7.2	12.4	3.1	6.0	5.4
30〜34歳	（275名）	2.5	12.0	11.6	19.3	57.8	8.7	11.6	2.2	9.5	6.2
35歳以上	（117名）	2.6	12.0	8.5	30.8	55.6	8.5	6.0	1.7	9.4	9.4

（国立社会保障・人口問題研究所（2012b）より作成）

率が高いことが示されている。

　これらの調査では、職業・雇用形態や年収、年齢、妊娠などが結婚を促進する要因であることが示されている。一方、このような調査には、心理的な指標が含まれることはないため、どのような心理的な個人の特性やカップルの特徴が、結婚を促進・抑制する要因となっているかは、明らかにされていない。安定的なアタッチメント・スタイルをもっていれば、アイデンティティが確立していれば、愛情の3要素がいずれも高ければ、結婚に至りやすいのかは、定かではないのである。

　この問題は、結婚だけでなく、恋愛の始まりにもいえることである。図5-2に示したように、恋愛研究には、対人魅力研究が含まれており、身体・外見、パーソナリティ、社会的属性・地位など、さまざまな側面について、どのような特性が異性を含む他者から魅力的にみられるかについて明らかにされている。また、ソーシャルスキル研究のなかには、「異性との社会的・性的関係を構築し、維持し、終結するために必要な行動」（Galassi & Galassi, 1979）である異性関係スキルに関する研究がある。Erikson（1959/2011）は「適切なアイデンティティの確立がされて初めて、異性との本当の親密さ（正確には、あら

ゆる他人との親密さ，さらには自分自身との親密さ）が可能になる」と述べており，アイデンティティが確立しているほど，異性と親密な関係を構築・維持できることが示唆されている。しかし，対人魅力が高いと評価される人ほど，異性関係スキルが高い人ほど，アイデンティティが確立している人ほど，恋人ができやすいのか，を確認した研究はみられていない。

　これらの問題を解決するためには，一時点の調査，たとえば，同じ年齢で結婚している／恋人がいる人と結婚していない／恋人がいない人とのある特性を比較するというような調査では，不十分である。このような調査の場合，"結婚したこと／恋人がいることによる効果・影響"が入り込むため，ある特性をもっているため結婚／恋人ができたのか，結婚した／恋人ができたからある特性が高まったのかが，識別できないのである。そのため，どのような特性が結婚や交際の始まりを促進する要因なのかという問いに答えるためには，縦断調査が必要になってくるのである。

　しかし，恋愛研究に限った話ではないが，特に恋愛研究において，縦断調査は容易ではない。それは，調査対象者が"いつ"結婚するのか，"いつ"恋人ができるのか，わからないためである。仮に20歳の青年を調査対象者として10年間縦断調査をしたとしよう。まずこの対象となった青年に恋人がいるのか，いなければ，いつできるのかという問題がある。恋愛関係である以上，別れることも想定しなければならない。恋人ができたとしても，10年間，つまり30歳になるまでに結婚するかどうかはわからない。平均初婚年齢が上がっている現代では，30歳になるまでの10年間では短いかもしれないが，15年，20年と長い調査期間をとれば，それだけ費用や労力もかかる。当然，10年，20年と縦断調査をしたとしても，恋人ができない人や結婚しない者もいることを考えると，数百人の調査規模では，一般化できる知見は得られないかもしれない。このようなことを考え始めると，研究の意義の大きさ以上に，ひとりの研究者が行う調査としては，コストがかかりすぎるのである。

　もちろん，そのようなコストがかかるなか，恋愛関係に関する縦断調査を行っているものもある。髙坂は，恋人がいる大学生を対象に，約8カ月の間に

3回調査を実施し，恋愛関係の影響のうち「関係不安」が青年のアイデンティティを高めること（髙坂，2013a）や，「他者評価の上昇」が短期的な恋愛関係の継続/終了を予測すること（髙坂，2013b），恋愛関係が終了した後も，アイデンティティの感覚は低減しないこと（髙坂，2014b）などを明らかにしている。これらの研究のように，縦断調査によって，一時点の調査では得られない知見が見出されることは誰もがわかっていることであるが，実際に縦断調査を行う者は少ない。立脇ほか（2005）によると，1985年4月から2004年3月までに発表・公刊された学会誌や学会発表論文217件のうち，縦断調査（パネル調査）を行っていたものは，わずか7件（3.2％）しかないことが示されている。

　また，縦断調査を行う際には，その時間的な間隔についても，考慮しなければならない。髙坂（2014a）が示したように，大学生の恋愛行動の進展は，交際開始数カ月の間で第4段階まで急速に進展し，その後，減速・停滞する傾向にある。そのため，交際を始めたばかりの青年個人またはカップルに対して1～2カ月の間隔で縦断調査を行うならば，その期間に恋愛行動が大きく進展している可能性があり，その進展のなかで生じる感情の変動や心理的なダイナミクスを捉えることができるかもしれない。一方，交際1年以上の青年個人やカップルに対して1～2カ月の間隔で縦断調査を行ったとしても，恋愛行動としては大きな進展はみられないことが想定されるため，得られる知見もわずかであるかもしれない。飛田（1996）は，縦断調査の間隔（時間的な長さ）の違いがもつ意味や働きについて，理論的に検討したものは見当たらないと述べており，闇雲に縦断調査を行っても，その間隔の長短によっては，意味ある知見は得られにくいのである。

　このように縦断調査は，時間的にも労力的にも負担の大きい調査手法ではあるが，どのような特性が交際の開始や恋愛関係の継続/終了，恋愛関係から結婚への移行などの促進・抑制要因になっているのかという知見は，研究・理論的な意義も大きく，社会的ニーズも強いものである。折しも，現代は，未婚化・晩婚化とそれに伴い少子化が大きな社会問題になっている時代である。国や地方自治体などを巻き込んで，大規模かつ長期的な研究が行われ，上記のよ

うな課題を克服しつつ，大いなる知見が得られることを期待したい。

　また，より遠い将来，つまり中年期や老年期を見据えた場合，青年期の恋愛にはどのような意味があるだろうか。たとえば，結婚する前の恋愛関係のあり方は，その後の結婚生活・夫婦関係にどのような影響があるのだろうか。Bramlett & Mosher（2002）は，結婚生活が長くなるにつれて，結婚前に同棲していた経験のある夫婦の方が離婚率が高いことを明らかにしている。これは，同棲経験がある者は，伝統的な結婚観・離婚観をもっておらず，離婚に対して寛容であるためとされている（Teachman, 2003 など）。では，同棲しない方が良いのかというと，そう単純ではないだろう。そもそも同棲するには，伝統的な結婚観をもっているかいないかという問題の前に，一方あるいは両方が実家から出て暮らしているか，実家から出て暮らしていけるだけの経済力があるかが関わっている。大学生には，一方が一人暮らしをしていて，そこにもう一方が転がり込んで，何となく同棲あるいは半同棲している者もいる。また，離婚に寛容であるということと，実際に離婚をするという行動に移すということの間にも乖離がある。そのように考えると，同棲という状態になることで，個人あるいはカップル間のある特性・特徴が変動し，その変動の結果が，結婚生活を長期的に続けることによって，徐々に影響を及ぼし，離婚に至ると考えることもできるであろう。恋愛関係が結婚生活につながっている現代において，恋愛関係は結婚生活の助走ともいえる。良い助走ができれば，結婚生活の満足度や幸福感も高まるであろうし，助走がうまくいかないまま結婚生活に突入すれば，不満が増え，離婚に至るかもしれない。もし結婚前の恋愛関係がその後の結婚生活や夫婦関係に影響を及ぼすのであれば，青年は今以上に恋愛に慎重になってしまうかもしれないが，青年期の恋愛の影響力の大きさを検討するには，このような視点も必要であろう。

　さらに老年期にまで目を向けてみると，どのような研究が考えられるであろう。高齢者の自伝的記憶の特徴として，10 代〜 30 代の出来事の想起が多いことが知られており，レミニセンス・バンプ（reminiscence bump）とよばれている。槙・仲（2006）や田中・原口・稲谷（2013）の日本の高齢者を対象とし

た研究でも，10代をピークとしたレミニセンス・バンプが確認されている。レミニセンス・バンプが起こる理由として，10代〜30代は進学や就職，結婚など，大きなライフイベントが多く記憶に残りやすいことや，アイデンティティ形成においても重要な時期であるため，アイデンティティ確立に関わる出来事やエピソードが記憶されやすいためであるとされている。そうであれば，10代や20代で経験しており，心理的・実生活的に影響力が大きく，アイデンティティにも関わっている恋愛が想起されることは十分に考えられる。その時に思い出される恋愛が，たとえ失恋で終わったとしても，美しい思い出となっていれば，高齢者の幸福感を高めるかもしれないし，片想いで終わっていたり，未練が残っているものであれば，後悔の念を生じさせるかもしれない。高齢者が若い頃の恋愛をどのように想起するのか，それが高齢者となった時の幸福感や人生満足度にどのように関わっているのかというテーマは，青年期に"自由恋愛"をしてきた高齢者が徐々に増えてきている現代だからこそ，検討する意味のあるテーマかもしれない。

　このように，青年期の恋愛を青年期という短い期間で捉えるのではなく，より長期的な視点をもって，検討することで，青年期の恋愛のライフコースにおける意味・意義がさらに明確になるであろう。

コラム5
恋愛は心理学だけのもの？

　卒論でも修論でも，恋愛について心理学的な観点・方法で研究しようと思った場合，まず何をするでしょう。本書のような恋愛心理学や社会心理学に関する文献を読んだり，恋愛に関する心理学的研究や学術論文を検索したりするところから始める人が多いと思います。この方法は間違っていませんし，ある意味で王道です。しかし，この方法が時には自分の思考を制限し，オリジナリティも工夫もない，単調な研究しか生み出さないこともあります。

　そもそも恋愛という現象は，決して心理的なものだけで語ったり，説明したりすることはできませんし，心理学とは異なる領域でも，恋愛についてはたくさん論じられています。「愛とは何か」は，古代ギリシャから綿々と考えられてきた哲学における大きな問いのひとつですし，恋愛や結婚が社会のあり方や社会制度の影響を受けるものである以上，社会学的なテーマでもあります。性行動やLGBTを含め，恋愛は性（セックスあるいはジェンダー）が関わる現象でもあるため，ジェンダー研究の分野でも活発に取り上げられています。恋愛をしていれば，恋人へのプレゼントやデート代などでお金がかかります。食料品を買うのであれば，商品を得るための対価としてお金を払いますが，恋愛関係では，プレゼントに使ったお金に対して物理的な何かが得られるわけではありません。そのようなお金のやりとりや対価・利益・損失などを考えると，経済学の面からでも恋愛を研究することはできそうですし，恋愛をひとつのマーケット（市場）として捉えるならば，経営学もヒントになりそうです。

　このように考えると，心理学という観点から捉えている恋愛とは，恋愛の一側面でしかないことがわかります。しかも，その恋愛の一側面であっても，心理学では，これまでにたくさんの理論や論究がなされ，実証研究が積み重ねられているので，心理学の観点からみているだけでは，もはやオリジナリティの高い研究は難しいかもしれません。しかし，少し視点をずらして，哲学や社会学，経済学などでは恋愛をどのように捉えているのかを知れば，その知見を援

用して，心理学的に検討することは可能になるかもしれません。

　もっと言えば，学問以上に恋愛についてたくさん論じていたり，描いていたりするものがあります。それは，小説や映画，マンガ，流行歌など青年にとって身近なメディアです。それらには，今の青年が「すてき」，「憧れる」，「共感できる」と思うような恋愛が数多く描かれています。そして，そのようなメディアに描かれている恋愛から青年の恋愛の普遍性を見出したり，現在の青年特有の心情や恋愛の仕方を捉えたりすることも可能です。実際，私は恋愛に関する研究をするようになってから，それまで一切読んだことのなかった恋愛小説をたくさん読みました。そこには，自分の知らない恋愛の世界が描かれており，そこから研究のヒントをもらったり，自分の研究成果を具体的に説明するための材料を見つけたりすることができました。また，少女向コミック誌と女性向コミック誌で描かれる恋愛に関する現象について調べたこともあります（髙坂，2015b）。この分析をとおして，社会的には男女平等と叫ばれているのに対し，恋愛においては，告白は男性がすべきのようなジェンダー・ステレオタイプが色濃く残っていることが明らかになりました。第2章で紹介したLeeのラブ・スタイルも，Leeが哲学書や歴史書，小説などから恋愛に関する記述を収集し，分析したところから始まっています。

　心理学の研究をするのですから，心理学の文献や論文を読むのは当然ですが，あわせて他の学問・分野の恋愛に関する文献を読んだり，恋愛小説を読んだり，恋愛映画を観たり，恋愛をテーマにした歌を聞くことで，発想が広がり，新たなアイディアが出てくることがあります。その反対に，小説を読んでいたり，映画を観たりしていて，「どうしてこんな気持ちになるんだろう？」，「同じような関係なのに，あの小説の主人公はこうしていたけど，この小説の主人公は違う行動をとっているなぁ？」など，ふと疑問に思うことがあれば，それが研究のヒントでありスタートになるのです。

引用文献

A

Acker, M., & Davis, M. H.（1992）．Intimacy, passion, and commitment in adult romantic relationships : A test of the triangular theory of love. *Journal of Social and Personal Relationships*, 9, 21-50.
Adler, A.（1984）．人生の意味の心理学（高尾利数，訳）．（Adler, A.（1932）．*What life should mean to you.* Boston, MA : Little, Brown.）
相羽美幸・松井　豊．（2013）．男性用恋愛スキルトレーニングプログラム作成の試み．筑波大学心理学研究, 45, 21-31.
Ainsworth, M. D. S., Blehar, M. C., Waters, E., & Wall, S.（1978）．*Patterns of attachment : A psychological study of the strange situation*. Hillsdale, N. J. : Lawrence Erlbaum.
赤川　学．（2002）．恋愛という文化／性欲という文化．比較家族史学会（監），服藤早苗・山田昌弘・吉野　晃（編），シリーズ比較家族第2期　恋愛と性愛（pp.149-172）．早稲田大学出版部．
赤澤淳子．（2006）．恋愛中のカップルの性別役割・恋愛意識・恋愛行動が関係評価に及ぼす影響：カップル単位の比較検討．今治明徳短期大学研究紀要, 30, 1-18.
赤澤淳子・竹内友里．（2015）．デートDVにおける暴力の構造について：頻度とダメージとの観点から．福山大学人間文化学部紀要, 15, 51-72.
天野陽一．（2012）．誰を選ぶのか？　なぜ惹かれるのか？：配偶者選択の進化心理学的研究に関するレビュー．人文学報, 455, 29-48.
天谷祐子．（2009）．恋愛経験と恋愛観・アイデンティティ・自己評価の関連．日本教育心理学会第51回総会発表論文集, 23.
雨宮　徹．（2008）．恋と愛：フランクルの「コペルニクス的転回」を手がかりとして．大阪河崎リハビリテーション大学紀要, 2, 23-37.
Aron, A., Paris, M., & Aron, E. N.（1995）．Falling in love : Prospective studies of self-concept change. *Journal of Personality and Social Psychology*, 69, 1102-1112.
浅野良輔．（2011）．恋愛関係における関係効力性が感情体験に及ぼす影響：二者の間主観的な効力期待の導入．社会心理学研究, 27, 41-46.
浅野良輔・堀毛裕子・大坊郁夫．（2010）．人は失恋によって成長するのか：コーピングと心理的離脱が首尾一貫感覚に及ぼす影響．パーソナリティ研究, 18, 129-139.

B

Bartholomew, K., & Horowitz, L. M.（1991）．Attachment styles among young adults : A test of a four-category model. *Journal of Personality and Social Psychology*, 61, 226-244.
Benesse情報サイト．（2013）．どこまでご存じ！？　お子さまのバレンタイン＆恋愛状況．http://benesse.jp/blog/20130213/p1.html（2016年1月9日）
Blos, P.（1971）．青年期の精神医学（野沢栄治，訳）．誠信書房．（Blos, P.（1962）．*On adolescence: A psychoanalytic interpretation.* New York : Free Press.）
望星．（2006）．特集　畏友・悪友・親友：「青春の友」という財産．望星, 37, 10-11.

Bowlby, J. (1977). The making and breaking of affectional bonds. *British Journal of Psychiatry*, 130, 201-210.
Bramlett, M. D., & Mosher, W. D. (2002). Cohabitation, marriage, divorce, and remarriage in the United States (*Vital and Health Statistics*, Series 23, Number 22). Hyattsville, MD : National Center for Health Statistics.
Brennan, K. A., Clark, C. L., & Shaver, P. R. (1998). Self-report measurement of adult attachment: An integrative overview. In J. A. Simpson & W. S. Rholes (Eds.), *Attachment theory and close relationships* (pp. 46-76). New York : The Guilford Press.
Buller, D. J. (2009). 進化心理学の4つの落とし穴（日経サイエンス編集部，訳）．日経サイエンス，39, 72-81．(Buller, D. J. (2009). Four fallacies of pop evolutionary psychology. *Scientific American*, 300, 74-81.)
Buss, D. M., Larsen, R. J., Westen, D., & Semmelroth, J. (1992). Sex differences in jealousy : Evolution, physiology, and psychology. *Psychological Science*, 3, 251-255.

C

Clark, M. S., & Mills, J. (1979). Interpersonal attraction in exchange and communal relationships. *Journal of Personality and Social Psychology*, 37, 12-24.
クロス・マーケティング．(2015)．20代・30代の恋愛・結婚に関する調査．
https://www.cross-m.co.jp/news/20150729release.html（2016年1月22日）

D

第一学習社（編）．(1991)．現代高校生の"恋愛観"．第一学習社．
電通ダイバーシティ・ラボ．(2015)．電通ダイバーシティ・ラボが「LGBT調査2015」を実施：LGBT市場規模を約5.9兆円と算出．
http://www.dentsu.co.jp/news/release/pdf-cms/2015041-0423.pdf（2016年1月9日）
Dietch, J. (1978). Love, sex, roles, and psychological health. *Journal of Personality Assessment*, 42, 626-634.
Dion, K. K., & Dion, K. L. (1991). Psychological individualism and romantic love. *Journal of Social Behavior and Personality*, 6, 17-33.
DODA. (2014). 28歳の年収．
http://doda.jp/guide/heikin/2014/age/20/009.html（2016年1月25日）
DODA. (2015). 平均年収ランキング2015．
https://doda.jp/guide/heikin/2015/age/（2016年1月22日）

E

榎本博明．(1997)．自己開示の心理学的研究．北大路書房．
Erikson, E. H.(1977)．幼児期と社会（仁科弥生，訳）．みすず書房．(Erikson, E. H.(1950). *Childhood and Society*. New York : Norton.)
Erikson, E. H. (2011). アイデンティティとライフサイクル（西平　直・中島由恵，訳）．誠信書房．(Erikson, E. H. (1959). *Identity and the life cycle*. (*Psychological Issues Vol. 1. Monograph 1.*) New York : International University Press.)
Evans, R. I. (1981). エリクソンは語る（岡堂哲雄・中園正身，訳）．新曜社．(Evans, R. I.

(1967). *Dialogue with Erik Erikson*. New York : Harper & Row.)

F

Federn, P. (1929). The ego as subject and object in narcissism. In *Ego Psychology and the Psychoses*. New York : Basic Books, 1952.
Fromm, E. (1965). 悪について（鈴木重吉，訳）. 紀伊国屋書店.（Fromm, E.（1964）. *The heart of man : Its genius for good and evil*. New York : Harper & Row.）
Fromm, E. (1991). 愛するということ　新訳版（鈴木　晶，訳）. 紀伊國屋書店.（Fromm, E.（1956）. *The art of loving*. New York : Harper & Brothers Publishers.）
夫婦問題調査室.（2012a）. 理想の浮気・不倫相手の年齢は？ http://report.miw.jp/archives/marrwoman/715（2014年3月2日）
夫婦問題調査室.（2012b）. 不倫相手の男性は年上？　年下？ http://report.miw.jp/archives/marrwoman/232（2014年3月2日）
深見輝明・鹿野　司.（1985）. 恋愛の科学. クォーク, 4, 36-65.
深澤真紀.（2007）. 平成男子図鑑：リスペクト男子としらふ男子. 日経BP社.
船谷明子・田中洋子・橋本和幸・高木秀明.（2006）. 大学生における浮気と浮気・被浮気経験との関連. 横浜国立大学教育人間科学部紀要　I, 教育科学, 8, 99-117.
古畑和孝.（1990）. "愛"の特集号の編集にあたって：愛の心理学への序説. 心理学評論, 33, 257-272.

G

Galassi, J. P., & Glassi, M. D.（1979）. Modification of heterosocial skills deficits. In A. S. Bellack & M. Hersen（Eds.）, *Research and practice in social skill training*（pp.131-187）. New York : Plenum Press.
Gilmartin, B. G.（1994）. シャイマン・シンドローム（あわやのぶこ，訳）. 新潮社.（Gilmartin, B. G.（1989）. *The shy man syndrome : why men become love shy and how they can overcome it*. Lanham, MD : Madison books.）
Greeley, A.（1994）. Marital infidelity. *Society*, 31, 9-13.

H

原田曜平.（2010）. 近頃の若者はなぜダメなのか：携帯世代と「新村社会」. 光文社.
原田曜平.（2015）. 原田曜平のアジア"若者"見聞録：第8回"恋愛離れ"は日本だけじゃない！？　潮, 674, 270-273.
Havighurst, R. J.（1958）. 人間の発達課題と教育（荘司雅子，訳）. 牧書店.（Havighurst, R. J.（1953）. *Human development and education*. New York : Longsmans, Green.）
Hazan, C., & Shaver, P. R.（1987）. Romantic love conceptualized as an attachment process. *Journal of Personality and Social Psychology*, 52, 511-524.
Hendrick, C., & Hendrick, S. S.（1986）. A theory and method of love. *Journal of Personality and Social Psychology*, 50, 392-402.
Hendrick, C., & Hendrick, S.S.（1988）. Lovers wear rose colored glasses. *Journal of Social and Personal Relationships*, 5, 161-183.
Hendrick, C., & Hendrick, S. S.（1990）. A relationship-specific version of the Love Atti-

tudes Scale. *Journal of Social Behavior and Personality*, 5, 239-254.
Hendrick, C., Hendrick, S. S., & Dicke, A. (1998). The Love Attitudes Scale : Short form. *Journal of social and personal relationships*, 15, 137-142.
Hendrick, S. S., & Hendrick, C. (2000). Romantic love. In C. Hendrick & S. S. Hendrick (Eds.), *Close relationships* (pp.203-215). Thousand Oaks, CA : Sage.
Hendrick, S. S., Hendrick, C., & Adler, N. L. (1988). Romantic relationships : Love, satisfaction, and staying together. *Journal of Personality and Social Psychology,* 54, 980-988.
飛田　操．(1996)．対人関係の崩壊と葛藤．大坊郁夫・奥田秀宇（編），対人行動学研究シリーズ：3　親密な対人関係の科学（pp.149-179）．誠信書房．
平野孝典．(2015)．規範に同調する高校生：逸脱への憧れと校則意識の分析から．友枝敏雄（編），リスク社会を生きる若者たち：高校生の意識調査から（pp.13-32）．大阪大学出版会．
堀毛一也．(1994)．恋愛関係の発展・崩壊と社会的スキル．実験社会心理学研究，34, 116-128.
保坂　亨・岡村達也．(1986)．キャンパス・エンカウンター・グループの発達的・治療的意義の検討：ある事例を通して．心理臨床学研究，4, 15-26.
Huston, T. L., Surra, C., Fitzgerald, N., & Cate, R. (1981). From courtship to marriage : mate selection as an interpersonal process. In S. Duck & R. Gilmour (Eds.), *Personal Relationships 2. Developing Personal Relationships* (pp.53-88). London : Academic Press.

I

伊福麻希・徳田智代．(2006)．恋愛依存傾向尺度作成の試み：男女間における恋愛依存傾向の比較．久留米大学心理学研究，5, 157-162.
伊福麻希・徳田智代．(2008)．青年に対する恋愛依存傾向尺度の再構成と信頼性・妥当性の検討．久留米大学心理学研究，7, 61-68.
五十嵐哲也・庄司一子．(2004)．高校時の性交経験と親しい友人との心理的距離．日本発達心理学会第15回大会発表論文集，67.
井ノ崎敦子・野坂祐子．(2010)．大学生における加害行為と攻撃性との関連．学校危機とメンタルケア，2, 73-85.
井ノ崎敦子・上野淳子・松並知子・青野篤子・赤澤淳子．(2012)．大学生におけるデートDV加害及び被害経験と愛着との関連．学校危機とメンタルケア，4, 49-64.
石川英夫．(1986)．大学生の異性との友人関係について(1)．東京経済大学人文自然科学論集，74, 1-48.
板垣　薫．(2008)．青年期の心理的離乳とアイデンティティのための恋愛との関連．日本青年心理学会第16回大会発表論文集，72-73.
伊東　明．(2000)．恋愛依存症：失われた愛情と心の傷を癒す．ベストセラーズ．
伊藤茂樹．(1999)．大学生は「生徒」なのか：大衆教育社会における高等教育の対象．駒澤大學教育学研究論集，15, 5-111.
岩崎正人．(1999)．ラブ・アディクション：恋愛依存症．五月書房．
岩崎正人．(2004)．世話をやく女と束縛する男：愛に依存する人々．日本放送出版協会．

J

Jones, D., & Hill, K.（1993）. Criteria of facial attractiveness in five populations. *Human Nature*, 4, 271-296.

Joyner, K., & Udry, J. R.（2000）. You don't bring me anything but down : Adolescent romance and depression. *Journal of Health and Social Behavior*, 41, 369-391.

K

門倉貴史.（2009）. セックス格差社会. 宝島社.

神薗紀幸・黒川正流・坂田桐子.（1996）. 青年の恋愛関係と自己概念及び精神的健康の関連. 広島大学総合科学部紀要 Ⅳ 理系編, 22, 93-104.

金政祐司.（2005）. 愛されることは愛することよりも重要か？：愛すること, 愛されることへの欲求と精神的健康, 青年の愛着スタイルとの関連. 対人社会心理学研究, 5, 31-38.

金政祐司.（2007）. 青年・成人期の愛着スタイルの世代間伝達：愛着は繰り返されるのか. 心理学研究, 78, 398-406.

金政祐司.（2009）. 青年期の母－子ども関係と恋愛関係の共通性の検討：青年期の二つの愛着関係における悲しき予言の自己成就. 社会心理学研究. 25, 11-20.

金政祐司.（2010）. 中年期の夫婦関係において成人の愛着スタイルが関係内での感情経験ならびに関係への評価に及ぼす影響. パーソナリティ研究, 19, 134-145.

金政祐司.（2013）. 青年・成人期の愛着関係での悲しき予言の自己成就は友人関係でも成立するのか？ パーソナリティ研究, 22, 168-181.

金政祐司・大坊郁夫.（2003a）. 青年期の愛着スタイルが親密な異性関係に及ぼす影響. 社会心理学研究, 19, 59-76.

金政祐司・大坊郁夫.（2003b）. 愛情の三角理論における3つの要素と親密な異性関係. 感情心理学研究, 10, 11-24.

金政祐司・谷口淳一・石盛真憲・岸本　渉・大坊郁夫.（2001）. 恋愛関係においてラブスタイルはどのように規定されているのか？：ラブスタイルと恋愛関係（3）. 日本心理学会第65回大会発表論文集, 880.

笠原正宏.（2003）. 恋愛傾向と性格：LETS-2 と Big Five の関連. 日本心理学会第67回大会発表論文集, 61.

片桐新自.（2009）. 不安定社会の中の若者たち：大学生調査から見るこの20年. 世界思想社.

片岡　祥・園田直子.（2008）. 青年期におけるアタッチメントスタイルの違いと恋人に対する依存との関連について. 久留米大学心理学研究, 7, 11-18.

片岡　祥・園田直子.（2011）. 恋愛関係が青年の発達に及ぼす影響：多次元自我同一性尺度と恋人の有無・交際期間・愛情との関連から. 久留米大学心理学研究, 10, 104-111.

加藤秀一.（2004）. 〈恋愛結婚〉は何をもたらしたか：性道徳と優生思想の百年間. 筑摩書房.

加藤隆勝.（1987）. 青年期の意識構造：その変容と多様化. 誠信書房.

加藤　司.（2005）. 失恋ストレスコーピングと精神的健康との関連性の検討. 社会心理学研究, 20, 171-180.

加藤　司.（2006）. 失恋の心理. 齊藤　勇（編）, イラストレート恋愛心理学：出会いから親密な関係へ（pp.113-122）. 誠信書房.

加藤　司.（2009）. 離婚の心理学：パートナーを失う原因とその対処. ナカニシヤ出版.

加藤　司．（2013）．浮気の行動学．大坊郁夫・谷口泰富（編），現代社会と応用心理：2　クローズアップ　恋愛（pp.106 - 114）．福村出版．
桂　広介．（1965）．愛情の発達心理学．金子書房．
片瀬一男．（2001）．性行動の低年齢化がもつ意味．日本性教育協会（編），「若者の性」白書：第5回青少年の性行動全国調査報告（pp.23 - 46）．小学館．
北原香緒里・松島公望・高木秀明．（2008）．恋愛関係が大学生のアイデンティティ発達に及ぼす影響．横浜国立大学教育人間科学部紀要　I，教育科学，10，91 - 114．
国立社会保障・人口問題研究所（編）．（2012a）．平成22年　わが国独身層の結婚観と家族観：第14回出生動向基本調査．厚生労働統計協会．
国立社会保障・人口問題研究所（編）．（2012b）．平成22年　わが国夫婦の結婚過程と出生力：第14回出生動向基本調査．厚生労働統計協会．
髙坂康雅．（2008）．自己の重要領域からみた青年期における劣等感の発達的変化．教育心理学研究，56，218 - 229．
髙坂康雅．（2009）．恋愛関係が大学生に及ぼす影響と，交際期間，関係認知との関連．パーソナリティ研究，17，144 - 156．
髙坂康雅．（2010a）大学生における同性友人，異性友人，恋人に対する期待の比較．パーソナリティ研究，18，140 - 151．
髙坂康雅．（2010b）．大学生及びその恋人のアイデンティティと"恋愛関係の影響"との関連．発達心理学研究，21，182 - 191．
髙坂康雅．（2011a）．青年期における恋愛様相モデルの構築．和光大学現代人間学部紀要，4，79 - 89．
髙坂康雅．（2011b）．"恋人を欲しいと思わない青年"の心理的特徴の検討．青年心理学研究，23，147 - 158．
髙坂康雅．（2012）．大学生の恋愛関係終了からの立ち直り過程とアイデンティティとの関連．日本発達心理学会第23回大会発表論文集，490．
髙坂康雅．（2013a）．大学生におけるアイデンティティと恋愛関係との因果関係の推定：恋人のいる大学生に対する3波パネル調査．発達心理学研究，24，33 - 42．
髙坂康雅．（2013b）．青年期における"恋人を欲しいと思わない"理由と自我発達との関連．発達心理学研究，24，284 - 294．
髙坂康雅．（2013c）．大学生活の重点からみた現代青年のモラトリアムの様相．日本青年心理学会第21回大会発表論文集，30 - 31．
髙坂康雅．（2014a）．大学生の恋愛行動の進展．和光大学現代人間学部紀要，7，215 - 228．
髙坂康雅．（2014b）．大学生の恋愛関係の継続／終了によるアイデンティティの変化．青年心理学研究，26，47 - 53．
髙坂康雅．（2014c）．青年期・成人期初期における恋人を欲しいと思わない理由とコミュニケーションに対する自信との関連．日本パーソナリティ心理学会第23回大会発表論文集，24．
髙坂康雅．（2014d）．青年期・成人期初期における"恋人を欲しいと思わない"理由の発達的変化の要因．日本心理学会第78回大会発表論文集，1008．
髙坂康雅．（2015a）．青年期における恋愛様相モデルと愛情の三角理論との関連．日本パーソナリティ心理学会第24回大会発表論文集．
髙坂康雅．（2015b）．恋人を欲しいと思わない青年を捉える2次元モデルの提唱――2次元モデルによる分類とクラスター分析による分類の比較．日本心理学会第79回大会発表論文集．

髙坂康雅．(2016)．恋愛様相モデルによる大学生の交際継続／終了の予測．日本発達心理学会第 27 回大会発表論文集．
髙坂康雅・小塩真司．(2015)．恋愛様相尺度の作成と信頼性・妥当性の検討．発達心理学研究，26，225 - 236．
古澤頼雄・斉藤こずゑ・都筑　学．(2000)．心理学・倫理ガイドブック：リサーチと臨床．有斐閣．
厚生労働省．(2012)．第 9 回 21 世紀成年者縦断調査の概況．
http://www.mhlw.go.jp/toukei/saikin/hw/judan/seinen12/index.html（2016 年 1 月 22 日）
厚生労働省．(2013)．第 1 回 21 世紀成年者縦断調査（平成 24 年成年者）及び第 11 回 21 世紀成年者縦断調査（平成 14 年成年者）の概況．
http://www.mhlw.go.jp/toukei/saikin/hw/judan/seinen14/index.html（2016 年 2 月 1 日）
小谷野　敦．(1999)．もてない男：恋愛論を超えて．筑摩書房．
Kroger, J. (2005). アイデンティティの発達：青年期から成人期（榎本博明，訳）．北大路書房．(Kroger, J. (2000). *Identity development : Adolescence through adulthood*. Thousand Oaks, CA : Sage.)
栗林克匡．(2001)．失恋時の状況と感情・行動に及ぼす関係の親密さの影響．北星学園大学社会福祉学部北星論集，38，47 - 55．
栗林克匡．(2002)．恋愛における告白の状況と感情・行動に及ぼす関係の親密さの影響．北星大学社会福祉学部北星論集，39，11 - 19．
栗林克匡．(2004)．恋愛における告白の成否の規定因に関する研究．北星学園大学社会福祉学部北星論集，41，75 - 84．
栗林克匡．(2006)．カップルの恋愛類似と相性に関する研究．北星学園大学社会福祉学部北星論集，43，13 - 21．

L

Lee, J. A. (1973). *The colours of love : An exploration of the ways of loving*. Don Mills, Ont : New Press.
Lee, J. A. (1977). A typology of styles of loving. *Personality and Social Psychology bulletin*, 3, 173 - 182.
ライフネット生命保険．(2012)．初恋に関する調査．
http://www.lifenet-seimei.co.jp/newsrelease/2012/4151.html（2016 年 1 月 9 日）

M

マイナビ（編）．(2012a)．【連載】恋愛の本音（3）男性編：男女の友情は成り立つ？
http://news.mynavi.jp/series/rhonne/003/index.html（2014 年 2 月 28 日）
マイナビ（編）．(2012b)．【連載】恋愛の本音（4）女性編：男女の友情は成り立つ？
http://news.mynavi.jp/series/rhonne/004/index.html（2014 年 2 月 28 日）
槙　陽一・仲　真紀子．(2006)．高齢者の自伝的記憶におけるバンプと記憶内容．心理学研究，77，333 - 341．
牧野幸志．(2011)．青年期における恋愛と性行動に関する研究（2）：浮気の判断基準と浮気に対する態度．経営情報研究：摂南大学経営情報学部論集，19，41 - 56．
牧野幸志．(2012)．青年期における恋愛と性行動に関する研究（3）：大学生の浮気経験と浮

気行動．経営情報研究：摂南大学経営情報学部論集，19，19-36．
牧野幸志・井原諒子．(2004)．恋愛関係における別れに関する研究（1）：別れの主導権と別れの季節の探求．高松大学紀要，41，87-105．
マクロミル．(2009)．独身の男女1000名に聞く結婚意識と婚活に関する調査：結婚願望，相手の条件など．マクロミル．
増田匡裕．(2001)．以前の恋人との友人関係（PDR）と新しい恋愛関係の交渉と葛藤についての探索的研究：対人関係の正当性に関するフォーク・サイコロジー．日本社会心理学会第42回大会発表論文集，250-251．
松井 豊．(1990)．青年の恋愛行動の構造．心理学評論，33，355-370．
松井 豊．(1993a)．恋愛行動の段階と恋愛意識．心理学研究，64，335-342．
松井 豊．(1993b)．恋ごころの科学．サイエンス社．
松井 豊．(1996)．親離れから異性との親密な関係の成立まで．斎藤誠一（編），人間関係の発達心理学：4 青年期の人間関係（pp.19-54）．培風館．
松井 豊．(1998)．恋愛に関する実証的研究の動き．現代のエスプリ，368，5-19．
松井 豊．(2000)．恋愛段階の再検討．日本社会心理学会第41回大会発表論文集，92-93．
松井 豊．(2006)．恋愛の進展段階と時代的変化．齊藤 勇（編），イラストレート恋愛心理学：出会いから親密な関係へ（pp.62-70）．誠信書房．
松井 豊・木賊知美・立澤晴美・大久保宏美・大前晴美・岡村美樹・米田佳美．(1990)．青年の恋愛に関する測定尺度の構成．東京都立立川短期大学紀要，23，13-23．
松並知子・青野篤子・赤澤淳子・井ノ崎敦子・上野淳子．(2012)．デートDVの実態と心理的要因：自己愛との関連を中心に．女性学評論，26，43-65．
Mellody, P., Miller, J. K., & Miller A. W. (2001)．恋愛依存症の心理分析：なぜ，つらい恋にのめり込むのか（水澤都加佐，訳）．大和書房．(Mellody, P., Miller, J. K., & Miller A. W. (1992). *Facing love addiction : Giving yourself the power to change the way you love*. San Francisco, CA : Harper San Francisco.)
南 学．(2014)．青年の「恋愛離れ」における社会的閉塞感の影響．三重大学教育学部研究紀要，自然科学・人文科学・社会科学・教育科学，65，207-213．
宮下一博・杉村和美．(2008)．大学生の自己分析：いまだ見えぬアイデンティティに突然気づくために．ナカニシヤ出版．
宮下一博・臼井永和・内藤みゆき．(1991)．失恋経験が青年に及ぼす影響．千葉大学教育学部研究紀要 第1部，39，117-126．
溝口圭美．(2013)．大学生の結婚観と愛着スタイルとの関連．和光大学現代人間学部心理教育学科卒業論文（未公刊）．
森永卓郎．(1997)．「非婚」のすすめ．講談社．
森永康子・Frieze, I. H.・青野篤子・葛西真記子・Li, M.（2011）．男女大学生の親密な関係における暴力．女性学評論，25，219-236．
森岡正博．(2008)．草食系男子の恋愛学．メディアファクトリー．
森崎美奈子．(2004)．自我（自己愛的）リビドー，対象リビドー．氏原 寛・亀口憲治・成田善弘・東山紘久・山中康裕（編），心理臨床大事典 改訂版（pp.1010-1011）．培風館．
村澤和多里・山尾貴則・村澤真保呂．(2012)．ポストモラトリアム時代の若者たち：社会的排除を超えて．世界思想社．
文部科学省・厚生労働省．(2014)．人を対象とする医学系研究に関する倫理指針．http://www.mext.go.jp/b_menu/houdou/26/12/_icsFiles/afieldfile/2014/12/22/1354186_1.pdf1（2016年7月10日）

N

内閣府. (2011). 平成22年度結婚・家族形成に関する調査報告書【全体版】.
http://www8.cao.go.jp/shoushi/shoushika/research/cyousa22/marriage_family/mokuji_pdf.html（2016年2月1日）

内閣府. (2012). 平成25年度我が国と諸外国の若者の意識に関する調査.
http://www8.cao.go.jp/youth/kenkyu/thinking/h25/pdf_index.html（2016年1月9日）

内閣府. (2014). 男女間における暴力に関する調査.
http://www.gender.go.jp/e-vaw/chousa/h24_boryoku_cyousa.html（2016年1月9日）

内閣府 (2015). 平成26年度「結婚・家族形成に関する意識調査」報告書（全体版）.
http://www8.cao.go.jp/shoushi/shoushika/research/h26/zentai-pdf/index.html（2016年2月1日）

中尾達馬・加藤和生. (2004). "一般他者"を想定した愛着スタイル尺度の信頼性と妥当性の検討. 九州大学心理学研究, 5, 19-27.

中尾達馬・加藤和生. (2006). 成人愛着スタイルは成人の愛着行動パターンの違いを本当に反映しているのか？ パーソナリティ研究, 14, 281-292.

日本DV防止・情報センター. (2008). 「デートDVの被害者に関する調査」報告書.
http://www.dvp-end-abuse.com/leaflet/images/100705_datedv.pdf（2016年1月22日）

日本性教育協会（編）. (2001). 「若者の性」白書：第5回青少年の性行動全国調査報告. 小学館.

日本性教育協会（編）. (2007). 「若者の性」白書：第6回青少年の性行動全国調査報告. 小学館.

日本性教育協会（編）. (2013). 「若者の性」白書：第7回青少年の性行動全国調査報告. 小学館.

西平直喜. (1981). 友情・恋愛の探求. 大日本図書.

西平直喜. (1990). シリーズ人間の発達：4 成人になること：生育史心理学から. 東京大学出版会.

O

岡島泰三. (2010). 青年期におけるアタッチメントスタイルの変化と恋人の応答性. 青年心理学研究, 22, 33-44.

オーエムジー（編）. (1999). 西暦2000年新成人の恋愛・結婚意識調査. オーエムジー.

オーエムジー（編）. (2001). 西暦2001年新成人の恋愛・結婚意識調査. オーエムジー.

オーエムジー（編）. (2006). 恋愛・結婚・生活・社会参加への意識. オーエムジー.

オーネット. (2015). 第20回 新成人意識調査：2015年新成人（全国600人）の生活・恋愛・結婚・社会参加意識. ことぶき科学情報, 64.

大野 久. (1989). 現代女子青年における理想的異性像に関する調査研究. 新潟青陵女子短期大学研究報告, 19, 63-75.

大野 久. (1995). 青年期の自己意識と生き方. 落合良行・楠見 孝（編）, 講座生涯発達心理学：4 自己への問い直し：青年期（pp.89-123）. 金子書房.

大野 久. (1999). 人を恋するということ. 佐藤有耕（編）, 高校生の心理：①広がる世界（pp.70-95）. 大日本図書.

大野 久. (2000). 愛の本質的特徴とその対極. 教職研究, 11, 1-10.

大野 久. (2010). 青年期の恋愛の発達. 大野 久（編）, シリーズ生涯発達心理学：4 エ

ピソードでつかむ青年心理学（pp.77-105）．ミネルヴァ書房．
oricon．（2007）．未婚女性が望む結婚相手の希望年収，【500万円〜700万円未満】が約4割．
http://www.oricon.co.jp/news/45963/full/（2016年1月22日）
小塩真司．（2000）．青年の自己愛傾向と異性関係：異性に対する態度，恋愛関係，恋愛経験に着目して．名古屋大学大学院教育発達科学研究科紀要　心理発達科学，47, 103-116.
大屋洋子．（2009）．いま20代女性はなぜ40代男性に惹かれるのか．講談社．

P

Pence, E., & Paymar, M.（2004）．暴力男性の教育プログラム：ドゥルース・モデル（波田あい子，監訳，堀田　碧・寺澤惠美子，訳）．誠信書房．(Pence, E., & Paymar, M. (1993). *Education group for men who batter : The Duluth Model.* New York : Springer Publishing Company.)
Pulver, S. E.（1970）. Narcissism : The term and the concept. *Journal of American Psychoanalytic Association,* 18, 319-341.

R

リクルートブライダル総研．（2012）．ブライダル総研 Research News.
http://bridal-souken.net/research_news/files/soukenRN_120201.pdf（2015年4月11日）
リクルートブライダル総研（2013）．恋愛観調査2013.
http://www.recruit-mp.co.jp/news/library/pdf/20130801_01.pdf（2014年2月28日）
労働政策研究・研修機構（編）．（2005）．若者就業支援の現状と課題：イギリスにおける支援の展開と日本の若者の実態分析から．労働政策研究報告書, 35.

S

相模ゴム株式会社．（2013）．ニッポンのセックス．
http://sagami-gomu.co.jp/project/nipponnosex/（2014年3月2日）
齊藤　勇．（2006）．恋心を抱くとき：恋愛初期における好意の生起状況．齊藤　勇（編），イラストレート　恋愛心理学：出会いから親密な関係へ（pp.2-10）．誠信書房．
斎藤和佳子・中野朋美・芝木美沙子・笹嶋由美．（2006）．大学生の性意識と性行動の実態調査．北海道教育大学紀要　教育科学編, 56, 47-61.
Sampson, E. E.（1977）. Psychology and the American ideal. *Journal of Personality and Social Psychology,* 35, 767-782.
澤村いのり．（2013）．大学生が恋人とセックス（性交）する理由とセックス（性交）満足度と関係満足度及び自己愛との関連．日本青年心理学会第21回大会発表論文集, 28-29.
清水裕士・大坊郁夫．（2007）．恋愛関係の相互作用構造と関係安定性の関連：カップルデータへのペアワイズ相関分析の適用．社会心理学研究, 22, 295-304.
宋　美玄．（2014）．少女はセックスをどこで学ぶのか．徳間書店．
返田　健．（1986）．青年期の心理．教育出版．
Spranger, E.（1957）．青年の心理（土井竹治，訳）．刀江書院．(Spranger, E.（1924）. *Psychologie des Jugendalters.* Leipzig : Quelle & Meyer.)
Sternberg, R. J.（1986）. A triangular theory of love. *Psychological Review,* 93, 119-135.

Sternberg, R. J.（1987）．*The triangle of love : Intimacy, passion, commitment.* New York : Basic Books.
Sternberg, R. J.（1997）．Construct validation of a triangular love scale. *European Journal of Social Psychology*, 27, 313-335.
菅原健介．（1998）．シャイネスにおける対人不安傾向と対人消極傾向．性格心理学研究, 7, 22-32.
菅原健介．（2006）．恋愛における嫉妬と浮気の心理．齊藤　勇（編），イラストレート　恋愛心理学：出会いから親密な関係へ（pp.94-102）．誠信書房．
杉浦浩子・玉井千晴・杉浦春雄．（2015）．大学生の愛着スタイルの違いが恋愛依存傾向に及ぼす影響．健康レクレーション研究, 11, 13-20.
Sullivan, H. S.（1953）．*The interpersonal theory of psychiatry.* New York : Norton.

T

多川則子．（2003）．恋愛関係が青年に及ぼす影響についての探索的検討：対人関係観に着目して．名古屋大学大学院教育発達科学研究科紀要心理発達科学, 50, 251-267.
髙比良美詠子．（1998）．対人・達成領域別ライフイベント尺度（大学生用）の作成と妥当性の検討．社会心理学研究, 14, 12-24.
武田美亜・沼崎　誠．（2010）．日本人大学生の恋愛関係に見られるナイーブ・シニシズムの検討．社会心理学研究, 26, 57-64.
竹内友希．（2011）．大学生及びその恋人のアイデンティティと恋愛観が友人関係の疎遠化に及ぼす影響．和光大学現代人間学部心理教育学科卒業論文（未公刊）．
詫摩武俊．（1973）．恋愛と結婚．依田　新・大西誠一郎・斎藤耕二・津留　宏・西平直喜・藤原喜悦・宮川知彰（編），現代青年心理学講座：5　現代青年の性意識（pp.141-193）．金子書房．
詫摩武俊・戸田弘二．（1988）．愛着理論からみた青年の対人態度：成人版愛着スタイル尺度作成の試み．東京都立大学人文学報, 196, 1-16.
田中京子・原口雅浩・稲谷ふみ枝．（2013）．後期高齢者の自伝的記憶におけるバンプと記憶内容．久留米大学心理学研究, 12, 9-15.
種村文孝・佐藤有耕．（2007）．青年期を中心に年齢段階別に検討した親友の有無と人数．日本教育心理学会第49回総会発表論文集, 650.
谷口淳一．（2013）．恋愛しない・できない若者たち．大坊郁夫・谷口泰富（編），現代社会と応用心理学：2　クローズアップ恋愛（pp.82-91）．福村出版．
谷口淳一・大坊郁夫．（2005）．異性との親密な関係における自己呈示動機の検討．実験社会心理学研究, 45, 13-24.
谷本奈穂．（2008）．恋愛の社会学：「遊び」とロマンティック・ラブの変容．青弓社．
田井愛美．（2016）．大学生の自我発達が恋愛依存傾向とひとりの時間および恋人との時間の捉え方に及ぼす影響．和光大学現代人間学部心理教育学科卒業論文（未公刊）．
立脇洋介．（2007）．異性交際中の感情と相手との関係性．心理学研究, 78, 244-251.
立脇洋介・松井　豊．（2014）．恋愛．平木典子・稲垣佳世子・河合優年・斉藤こずゑ・高橋惠子・山　祐嗣（編），児童心理学の進歩　2014年版　53巻（pp.95-119）．金子書房．
立脇洋介・松井　豊・比嘉さやか．（2005）．日本における恋愛研究の動向．筑波大学心理学研究, 29, 71-87.
Teachman, J. D.（2003）．Premarital sex, premarital cohabitation, and the risk of subse-

quent marital dissolution among women. *Journal of Marriage Family*, 65, 444-455.
Thornhill, R., & Møller, A. (1997). Developmental stability, disease and medicine. *Biological Review*, 72, 497-548.
戸田弘二．(1988). 青年期後期における基本的対人態度と愛着スタイル：作業仮説（working models）からの検討．日本心理学会第52回発表論文集，27.
徳永沙智・稲畑陽子・原田素美礼・境　泉洋．(2013). シャイネスと被受容感・被拒絶感が社会的スキルに及ぼす影響．徳島大学人間科学研究，21, 23-34.
東京都幼・小・中・高・心性教育研究会（編）．(2014). 2014年度　児童・生徒の性に関する調査報告．東京都幼・小・中・高・心性教育研究会．
冨重健一．(2001). 「アイデンティティのための恋愛」に関連する要因．日本青年心理学会第9回大会発表論文集，47-78.

U

内田利広．(2014). 内的作業モデルの児童期から青年期における変容：重要な他者という観点から．京都教育大学紀要，125, 117-130.
植木亜紀子．(2009). 保健室から見た現代の思春期のこころ．現代のエスプリ，509, 30-38.
上野淳子・松並知子・青野篤子・赤澤淳子・井ノ崎敦子．(2012). 大学生の性に対する態度がデートDVに及ぼす影響．四天王寺大学紀要，53, 111-122.
梅原　猛・岸田　秀・島森路子・森　瑤子・残間里江子．(1992). 1億総恋愛したい時代：日本人の恋愛観を斬る（フォーラム）．朝日ジャーナル，34, 92-97.
雲野加代子．(1996). 漫画におけるジェンダーについての考察：少女漫画の恋愛至上主義．大阪明浄女子短期大学紀要，10, 187-196.
卜部敬康．(2002). なぜか道徳は残っている．卜部敬康・林　理（編），常識の社会心理：「あたりまえ」は本当にあたりまえか（pp.86-94）．北大路書房．
牛窪　恵．(2015). 恋愛しない若者たち：コンビニ化する性とコスパ化する結婚．ディスカヴァー・トゥエンティワン．
艮　香織・小堀尋香．(2013). デートDVの現状と課題：大学生を対象とした調査から．宇都宮大学教育学部紀要，63, 211-219.

V

Van Lange, P. A. M. (2013). What we should expect from theories in social psychology : Truth, abstraction, progress, and applicability as standards (TAPAS). *Personality and Social Psychology Review*, 17, 40-55.

W

和田　実．(1993). 同性友人関係：その性および性役割タイプによる差異．社会心理学研究，8, 67-75.
和田　実．(1999). 大学生が性交する際に重視する要因：性差と経験種別からの検討．東京学芸大学紀要第1部門（教育科学），50, 111-119.
和田　実・水野梨沙．(2014). 恋愛依存．人間学研究，12, 45-55.
若尾良徳．(2003). 日本の若者にみられる2つの恋愛幻想：恋人がいる人の割合の誤った推

測と，恋人がいる人へのポジティブなイメージ．東京都立大学心理学研究, 13, 9-16.
Waterman, A. S. (1981). Individualism and interdependence. *American Psychologist*, 36, 762-773.
Whisman, M. A., & Snyder, D. K. (2007). Sexual infidelity in national survey of American women : Differences in prevalence and correlates as a function of method of assessment. *Journal of Family Psychology,* 21, 147-154.
White, J. K., Hendrick, S. S., & Hendrick, C. (2004). Big five personality variables and relationship constructs. *Personality and Individual Differences*, 37, 1519-1530.
Wiederman, M. W. & Hurd, C. (1999). Extradyadic involvement during dating. *Journal of Social and Personal Relationships*, 16, 265-274.

Y

山田昌弘．(1991)．現代大学生の恋愛意識：「恋愛」概念の主観的定義をめぐって．昭和大学教養部紀要, 22, 29-39.
山田昌弘．(2002)．近代的恋愛の不安定性：恋愛現象の社会学的考察．比較家族史学会（監），服藤早苗・山田昌弘・吉野　晃（編），シリーズ比較家族第2期　恋愛と性愛（pp.173-196)．早稲田大学出版部．
山口　司．(2007)．失恋後の心理的変化に影響を及ぼす要因の検討：自己受容と失恋．北星学園大学大学院社会福祉学研究科北星学園大学大学院論集, 10, 75-87.
山口　司．(2011)．恋愛関係崩壊後の関係における交際内容に関する研究：Post-dating relationshipと恋愛関係，異性友人関係との比較．北星学園大学大学院論集, 2, 47-59.
山口　司．(2013)．恋愛関係崩壊後の関係における関係性認知の次元が及ぼす影響についての検討．北星学園大学大学院論集, 4, 65-82.
山岡　拓．(2009)．欲しがらない若者たち．日本経済新聞出版社．
山下倫実・坂田桐子．(2008)．大学生におけるソーシャル・サポートと恋愛関係崩壊からの立ち直りとの関連．教育心理学研究, 56, 57-71.
山下倫実・坂田桐子．(2009)．恋愛関係崩壊からの立ち直り段階尺度の妥当性に関する検討．総合保健科学, 25, 19-27.
横浜市市民活力推進局．(2008)．デートDVについての意識・実態調査報告書．http://www.city.yokohama.lg.jp/seisaku/danjo/chousa/（2016年1月6日）
吉田朝香．(2008)．青年の認知する親の夫婦関係・親子関係と性的態度・恋愛イメージとの関連．日本青年心理学会第16回大会発表論文集, 48-49.
吉澤一弥．(2004)．リビドー理論．氏原　寛・亀口憲治・成田善弘・東山紘久・山中康裕（編），心理臨床大事典　改訂版（pp.1007-1008)．培風館．

人名索引

■ A

Acker, M. 59
Adler, A. 4
Adler, N. L. 51
相羽美幸 177
Ainsworth, M. D. S. 54
赤川　学 45
赤澤淳子 83, 84, 85, 179
雨宮　徹 71
天野陽一 76
天谷祐子 121
青野篤子 84, 85
Aron, A. 44
Aron, E. N. 44
浅野良輔 49, 90, 179

■ B

Bartholomew, K. 54, 55, 56
Blehar, M. C. 54
Blos, P. 33, 105, 107
Bowlby, J. 53, 54, 163
Bramlett, M. D. 185
Brennan, K. A. 56
Buller, D. J. 77
Buss, D. M. 77

■ C

Cate, R. 62, 64
Clark, C. L. 56
Clark, M. S. 146

■ D

大坊郁夫 33, 52, 56, 59, 90, 179
Davis, M. H. 59
Dicke, A. 51
Dietch, J. 44
Dion, K. K. 139
Dion, K. L. 139

■ E

榎本博明 167
Erikson, E. H. 43, 68, 69, 71, 96, 97, 98, 103, 138, 144, 151, 182
Evans, R. I. 69

■ F

Federn, P. 105
Fitzgerald, N. 62, 64
Freize, I. H. 84
Freud, S. 104, 105
Fromm, E. 4, 99, 105, 126
深見輝明 88, 89
深澤真紀 24
船谷明子 114
古畑和孝 163
古澤頼雄 161

■ G

Galassi, J. P. 182
Galassi, M. D. 182
Gilmartin, B. G. 138
ゲーテ（Goethe, J. W.）3

203

Greeley, A. 77, 114

■ H

原田素美礼 139
原田曜平 135, 140
原口雅浩 185
橋本和幸 114
Havighurst, R. J. 43
Hazan, C. 53, 54, 55
Hendrick, C. 51, 52, 59
Hendrick, S. S. 51, 52, 59
飛田　操 184
比嘉さやか 175, 178, 184
Hill, K. 76
平野孝典 141
堀毛一也 90
堀毛裕子 90
Horowitz, L. M. 54, 55, 56
保坂　亨 16
Hurd, C. 114
Huston, T. L. 62, 64

■ I

伊福麻希 86, 87
五十嵐哲也 47
井原諒子 88
稲谷ふみ枝 185
稲畑陽子 139
井ノ崎敦子 84, 85
石川英夫 33
石盛真憲 52
板垣　薫 69, 70
伊東　明 86
伊藤茂樹 141
岩崎正人 86

■ J

Jones, D. 76
Joyner, K. 44

■ K

門倉貴史 38
神薗紀幸 44
金政祐司 49, 52, 56, 57, 59, 108, 138, 178
笠原正宏 53
葛西真記子 84
片桐新自 142
片岡　祥 56, 59, 122
片瀬一男 47
加藤秀一 45
加藤隆勝 65
加藤　司 56, 77, 88, 89, 90, 116
桂　広介 65
岸田　秀 45
岸本　渉 52
北原香織里 96, 121, 122, 123, 173
北村透谷 3, 45
木賊知美 52
小堀尋香 83
髙坂康雅 23, 27, 28, 34, 44, 46, 62, 66, 67, 71, 72, 73, 74, 75, 78, 79, 81, 88, 89, 96, 121, 122, 123, 131, 132, 135, 136, 142, 143, 144, 145, 149, 150, 151, 152, 173, 177, 183, 184, 189
Kroger, J. 107
栗林克匡 53, 80, 88, 179
黒川正流 44

■ L

Larsen, R. J. 77
Lee, J. A. 51, 53, 189

Li, M. 84

■M
槇　陽一 185
牧野幸志 88, 114, 115
増田匡裕 90
松井　豊 19, 50, 52, 53, 57, 59, 60, 61, 62, 63, 64, 65, 75, 78, 163, 164, 166, 167, 168, 169, 175, 177, 178
松並知子 84, 85
松島公望 96, 121. 122. 123. 173
Mellody, P. 86
Miller, A. W. 86
Miller, J. K. 86
Mills, J. 146
南　学 145
宮下一博 89, 142
溝口圭美 170, 171
水野梨沙 86
Møller, A. 76
森　瑤子 45
森川友義 156
森永卓郎 41
森永康子 84
森岡正博 24
森崎美奈子 104
Mosher, W. D. 185
紫式部 3
村澤和多里 142
村澤真保呂 142

■N
内藤みゆき 89
仲　真紀子 185
中野朋美 81

中尾達馬 56
西平直喜 44, 65, 66, 72
野坂祐子 85
沼崎　誠 169

■O
岡島泰三 57
岡村美樹 52
岡村達也 16
大久保宏美 52
大前晴美 52
大野　久 19, 65, 66, 68, 69, 70, 71, 73, 96, 97, 100, 103, 105, 106, 108, 109, 111, 118
小塩真司 73, 74, 169
大屋洋子 111, 139, 140
小谷野敦 47

■P
Paris, M. 44
Paymar, M. 83, 84
Pence, E. 83, 84
プラトン（Platon）3
Pulver, S. E. 105

■S
齊藤勇 111
斉藤こずゑ 161
斎藤和佳子 81
境　泉洋 139
坂田桐子 44, 89
Sampson, E. E. 139
笹嶋由美 81
佐藤有耕 31
澤村いのり 81

205

Semmelroth, J. 77
シェイクスピア（Shakespear, W.） 3
Shaver, P. R. 53, 54, 55, 56
芝木美沙子 81
鹿野　司 88, 89
島森路子 45
清水裕士 179
Snyder, D. K. 114
園田直子 56, 59, 122
返田　健 16, 71, 97
宋　美玄 166
Spranger, E. 3, 8, 33
Stendhal 3, 65
Sternberg, R. J. 58, 59, 60, 71, 75
菅原健介 114, 139
杉村和美 142
杉浦春雄 87
杉浦浩子 87
Sullivan, H. S. 33
Surra, C. 62, 64
庄司一子 47

■ T

立澤晴美 52
多川則子 44
田井愛美 86
武田美亜 169
高木秀明 96, 114, 121, 122, 123, 173
高比良美詠子 23, 164, 177
田中京子 185
田中洋子 114
竹田青嗣 3
竹内夏希 180
竹内友里 83
詫摩武俊 55, 65

玉井千晴 87
種村文孝 31
谷口淳一 33, 52, 146, 148, 149, 150, 151
谷本奈穂 35, 130
立脇洋介 57, 168, 175, 176, 178, 184
Teachman, J. D. 185
Thornhill, R. 76
戸田弘二 55
徳田智代 86, 87
徳永沙智 139
冨重健一 69
都筑　学 161

■ U

内田利広 56
Udry, J. R. 44
植木亜紀子 166
上野淳子 84, 85
梅原　猛 45
雲野加代子 41
卜部敬康 119
牛窪　恵 26, 80, 81, 135, 140
艮　香織 83
臼井永和 89

■ V

Van Lange, P. A. M. 108, 121

■ W

和田　実 33, 81, 86
若尾良徳 46
Wall, S. 54
Waterman, A. S. 139
Waters, E. 54
Westen, D. 77

Whisman, M. A. 114
White, J. K. 51
Wiederman, M. W. 114

■ Y
山田昌弘 45, 112
山口　司 90, 91, 92
山尾貴則 142
山岡　拓 139
山下倫実 89
米田佳美 52
吉田朝香 180
吉澤一弥 104

■ Z
残間里江子 45

事項索引

■あ行

愛されることへの欲求　56, 138
愛情の三角理論（Triangular Love Theory）　50, 57, 58, 59, 60, 71, 75
愛情の色彩理論（The colours of love）　50, 51, 53, 60
愛することへの欲求　56, 138
愛態度尺度　51, 52
愛着　85
愛着スタイル尺度　55
アイデンティティ　7, 44, 45, 59, 66, 67, 68, 69, 70, 71, 73, 86, 96, 97, 98, 99, 100, 101, 102, 105, 106, 111, 116, 117, 118, 121, 122, 123, 125, 126, 138, 143, 144, 151, 152, 157, 173, 177, 180, 182, 183, 184, 186
アイデンティティ形成　98, 100, 105, 116, 118, 122, 124, 125, 126, 138, 173, 186
アイデンティティの感覚　43, 68, 184
アイデンティティの再構築　107
アイデンティティのための恋愛　65, 66, 68, 69, 70, 71, 96, 100, 108, 119, 120
アガペ　51, 52, 53
アタッチメント　53, 54, 57, 180
アタッチメント・スタイル　54, 55, 56, 57, 58, 60, 87, 163, 182
アタッチメント理論　53, 54, 138, 163, 180
アダルト・アタッチメント　48, 54, 176
Adult Attachment Scale　55
アダルト・アタッチメント理論　50, 53, 54, 55, 57, 163, 178

安定型　55, 56, 57
アンビバレント型　55, 56
異性関係スキル　177, 182, 183
異性友人関係　33, 91, 92, 168
一般他者版 ECR　56
インフォームド・コンセント　158
Web 調査　49, 128, 136, 150, 174, 175
浮気　34, 75, 76, 77, 113, 114, 115, 116, 117, 118, 119, 120, 129, 163, 173
Experience in Close Relationships inventory（ECR）　56
LETS-2　52
LGBT　5, 9, 27, 28, 188
エロス　51, 52, 53
お家デート　154
恐れ型　55, 87, 138

■か行

回避型　55, 56, 138
開放性　72, 73, 74, 75
科学研究費補助金　128
拡散型　67, 123
片思い　59, 88, 168
カップルカウンセリング　87
カップルデータ　49
悲しき予言の自己成就　57, 108, 178
関係効力性　179
関係不安（見捨てられ不安）　44, 54, 55, 56, 57, 67, 75, 138, 178, 184
ギャング・グループ　16
共存感情　65

共同的関係　146
拒絶型　56
経済的負担　44, 67
結婚願望　73, 170, 171, 172, 173
結婚予想　170, 171
結晶作用　3, 65, 66
研究倫理　158
交換的関係　146
攻撃性　85
告白　8, 20, 21, 26, 30, 32, 62, 78, 79, 80, 112, 113, 135, 140, 142, 189
告白経験　20, 21, 80
告白の成否　78, 80, 113
個人主義　139, 143, 144
500万の壁　38
コミットメント（commitment）　58, 59, 73, 75
コミュニケーションに対する自信　144, 145

■さ行

斉一性　59, 68, 86, 144
ジェンダー・ステレオタイプ　164, 189
自我リビドー　104, 105, 107
時間的制約　67
時間の展望　66, 145
自己愛　85, 104, 105, 169
自己愛型対象選択　107
自己愛傾向　104
自己愛的リビドー　104
自己開示　167
自己拡大　44, 67
自己充足個人主義　139
事実婚　26, 27
自然淘汰　76

失恋　4, 44, 87, 88, 89, 90, 129, 150, 151, 163, 173, 180, 186
失恋からの立ち直り　87, 88, 89, 90, 92, 165
失恋ストレスコーピング　90
自伝的記憶　185
シャイネス　80, 138, 139
シャイマン　138, 139
社会的スキル　80, 90, 139
充足的気分　67
情熱（passion）　3, 58, 59, 73, 75, 168
所有性　72, 73, 74, 75
進化心理学　7, 75, 76, 77, 78
親密性（intimacy）　58, 59, 97, 116
親密性回避　54, 55, 56, 138
親友　31
信頼関係（ラポール）　160
心理的離乳　71, 106
ストーカー　4, 45, 85, 87, 142, 166, 173, 176
ストーキング　85, 129
ストルゲ　51, 52, 53
ストレンジ・シチュエーション法　54
性意識　15
生活空間　180
性交満足度　81, 82
生殖性　97, 98
セクシャルマイノリティ　5, 9
絶対性　72, 73, 74, 75
草食（系）男子　24
相対性　72, 73, 74, 75
ソーシャルスキル　182

■た行

ダイアドレベル　179
第1次心理的離乳　71
対象リビドー　104, 105

第2次心理的離乳 71
第二の分離－個体化 105, 106
他者交流の制限 44, 67
他者評価の上昇 46, 67, 184
達成型 67, 123
男女不平等恋愛 140
デートDV 4, 45, 83, 85, 87, 101, 120, 129, 142, 151, 159, 163, 166, 173, 176
同調圧力 47
同調傾向 65
Triangular Love Scale（TLS） 59, 73, 75
とらわれ型 55, 56, 87

■な行
ナイーブ・シニシズム 169
内的作業モデル 54
内閉的世界 65, 124
ナルシシズム 105
二元的一元性（統一性） 72
2次性徴 14, 44
二次的自己愛 104
呑み込まれる不安 69, 70, 101

■は行
パートナーシップ 66
排他性規範 119, 120
初恋 19, 20
パネル調査 67, 128, 184
反動形成 19
被告白経験 20, 21
干物女 24
飛躍性 72, 73, 74
憑執傾向 65
憑執状態 66
フォークロージャー型 67, 123

不純異性交遊 166
プラグマ 51, 52, 53
プラトニック・ラブ 3
分離－個体化 16
ペアワイズ相関分析 179
暴力と支配の車輪 83, 84
Post-Dissolution/Dating Relationship（PDR） 90, 91, 92

■ま行
埋没性 72, 73, 74, 124
マニア 51, 52, 53
マルチレベル構造方程式モデリング 179
無条件性 66
メディア・リテラシー 164
モテ期 120
モラトリアム型 67, 123

■ら行
ラブ・シャイ 138
ラブ・スタイル 48, 51, 52, 53, 57, 60, 169, 176, 179, 189
離愛 88
リスク回避型モラトリアム 142
リスク回避志向 141, 142
理想的異性像 109
リビドー 103, 104, 105, 106, 108, 110, 123
リベンジポルノ 4, 88, 142
倫理的配慮 158
ルダス 51, 52, 53
劣等感 44, 46, 69, 70, 138
レミニセンス・バンプ 185, 186
恋愛依存 85, 86, 87
恋愛依存傾向 85, 86, 87
恋愛依存症 86, 87

恋愛圏外感　141
恋愛関係の影響　67, 184
恋愛関係満足度　73, 81, 180
恋愛既視感　140, 141
恋愛行動の5段階説　50, 60, 81

恋愛ポジティブ幻想　46
恋愛様相尺度　73, 74
恋愛様相モデル　65, 71, 72, 73, 75, 124
連続性　59, 68, 86, 144
ロマンティック・ラブ・イデオロギー　35, 130

おわりに

　最近，恋愛に関する学会発表を多くしているため，私のことを，恋愛を専門としている研究者だと思っている学生や同業者も多いようである。そのうえ，本書が出版されれば，なおさら恋愛心理学者として広く認知されるであろう。しかし，私の専門は青年心理学であり，恋愛だけではなく，劣等感，友人関係，モラトリアム，共同体感覚，小中一貫校における学校適応感など，たくさんの研究テーマをもっている。数年前からは，勤務校内に不登校支援室を開室し，不登校支援も行い，そこでは箱庭も行っている。研究テーマがありすぎて，ある人からみると恋愛研究者，他の人からみると劣等感研究者，別の人からみると不登校支援の実践家と，それぞれ異なった印象をもたれているようである。なかには，「結局何を研究したいんですか？」と尋ねてくる人もいる。確かにたくさんの研究テーマを同時進行させているため，自分でも混乱することはあるが，私としては，自分の関心は「青年の成長と対人関係との相互作用」であると考えている。青年が成長する（アイデンティティを形成する）うえで，対人関係がどのように作用しているのか，また，青年が成長すると，対人関係がどのように変化するのかを，さまざまな対人関係から検討したいし，実際に研究していると思っている。

　そのなかでも，恋愛関係に焦点を当てているのは，やはり自分自身が親子関係や友人関係以上に，恋愛によって成長し，また，自分の成長によって恋愛の仕方や恋人との関わり方が変わったという実感があるからであろう。正直，私はそれほどモテた方ではなく，実際に交際した女性の数も平均に比べると少ない方である。それでも，その時その時で真剣に交際していたし，その交際から得たものは非常に多かった。それを当時，もう少し客観的にみることができれば，もっと良い恋愛ができたかもしれないと，結婚が決まり，自分が「もう恋愛をしなくてもよい状態」になって初めて思い返したが，それは後の祭りである。「あの時ああしていれば……」，「あの時はこうだったのか……」と後悔に

も似た思いを抱くこともあるが，そのような思いや経験があったからこそ，現在，恋愛の研究をすることができているのであろう。そして，まだまだ十分であるとは言えないが，現時点での研究のまとめとして，本書を上梓できたのも，やはり自身の恋愛に対する思いや経験があったからであろう。それほど自分の青年期にとって恋愛とは重要なものであったのである（ここに詳しいエピソードを書けないのが残念ではあるが……）。

　本書をまとめるにあたり，多くの方にご協力いただいた。フリーエディターの安藤典明氏には，アイディア段階から出版に関する相談にのっていただき，本書の企画（今思えば，企画なんて言えるレベルではなかったが）を福村出版に打診し，私との間を取り持っていただいた。安藤氏と出会わなければ，このように本書をまとめることはできなかったかもしれない。また，浅野良輔先生（久留米大学）には，ダイアドレベルの分析についてご助言を賜った。この手の分析には不慣れであったため，大変参考になった。戸田弘二先生（北海道教育大学札幌校）には，学部生時代からご指導をいただき，私が大学院生，そして大学教員になってからは，学会などでご指導・ご助言をいただいた。数年前に一緒にシンポジウムに登壇できたときの感動はいまだに忘れない。なかなか"エネルギーの奪い合い"という考え方にはご賛同いただけていないが，それは，人を説得できるほどのエビデンスの必要性を伝えていただいていると考えている。福村出版の宮下基幸社長には，企画段階から何度もご相談にのっていただいた。当初は1年で原稿の執筆を終える予定が，結局2年を超えてようやく完成に至った遅筆な私をじっくりと待っていただき，適宜ご意見・ご助言もくださった。お待ちいただいたおかげで，当初想定していた以上の内容に仕上げることができたと思っている。また，福村出版の佐藤珠鶴氏には本書編集をご担当いただき，細部まで確認をし，本書出版に向けてご尽力いただいた。この他にも多くの方にご支援・ご指導をいただき，本書を世に出すことができた。改めて，心より御礼申し上げる。

　そして，これまで私が好意を抱いたり，実際に交際してきた方々，以前は恋人として，現在は配偶者としてつきあい続けてくれている妻，そして，自分た

ちの恋愛経験や恋愛観を話してくれたり，質問紙調査に協力してくれたりした学生たち，それぞれがいなければ，本書どころか，恋愛の研究さえしていなかったかもしれない。みなさまに出会えたことに，心から感謝申し上げる。

2016年6月
髙坂康雅

著 者

髙坂　康雅（こうさか　やすまさ）
和光大学現代人間学部教授。博士（心理学）。公認心理師，学校心理士。
主な著書に，『公認心理師試験対策総ざらい　実力はかる5肢選択問題360』（単著，福村出版，2021年），『増補改訂版 本番さながら！ 公認心理師試験予想問題200』（単著，メディカ出版，2020年），『公認心理師試験対策はじめの一冊　基礎力はかる肢別問題420』（単著，福村出版，2019年），『劣等感の青年心理学的研究』（単著，風間書房，2012年），『ノードとしての青年期』（編著，ナカニシヤ出版，2018年），『レクチャー 青年心理学――学んでほしい・教えてほしい青年心理学の15のテーマ』（共編著，風間書房，2017年），『思春期における不登校支援の理論と実践――適応支援室「いぐお〜る」の挑戦』（編著，ナカニシヤ出版，2016年），『人間の形成と心理のフロンティア』（分担，晃洋書房，2016年），『コミュニティ援助への展望』（分担，角川学芸出版，2012年），『パーソナリティ心理学ハンドブック』（分担，福村出版，2013年），『ライブラリ スタンダード心理学7　スタンダード発達心理学』（分担，サイエンス社，2013年），『新・青年心理学ハンドブック』（分担，福村出版，2014年）などがある。

恋愛心理学特論──恋愛する青年／しない青年の読み解き方

2016年 9月10日　初版第1刷発行
2021年10月20日　　　第2刷発行

著　者　　髙坂 康雅
発行者　　宮下 基幸
発行所　　福村出版株式会社
〒113-0034　東京都文京区湯島2-14-11
電話 03-5812-9702　FAX 03-5812-9705
https://www.fukumura.co.jp
印刷　モリモト印刷株式会社
製本　協栄製本株式会社

©Yasumasa Kosaka　2016
Printed in Japan
ISBN978-4-571-25047-7
乱丁本・落丁本はお取替え致します。
定価はカバーに表示してあります。

福村出版◆好評図書

日本応用心理学会 企画／大坊郁夫・谷口泰富 編
現代社会と応用心理学 2
クローズアップ「恋愛」
◎2,400円　ISBN978-4-571-25502-1　C3311

若者の恋愛，同性愛，おとなの恋愛，結婚，離婚，浮気，夫婦関係，家族……現代社会の恋愛にフォーカス！

宇都宮 博・神谷哲司 編著
夫と妻の生涯発達心理学
●関係性の危機と成熟
◎5,000円　ISBN978-4-571-23055-4　C3011

夫婦の生涯に起こる様々なライフイベントについて心理学の見地から考察し，各分野の関連研究を紹介する。

山岡重行 著
腐女子の心理学 2
●彼女たちのジェンダー意識とフェミニズム
◎3,500円　ISBN978-4-571-25052-1　C3011

大好評『腐女子の心理学』の続編。より大規模な調査をもとに，腐女子の恋愛観やジェンダー意識を読み解く。

山岡重行 編著
サブカルチャーの心理学
●カウンターカルチャーから「オタク」「オタ」まで
◎2,500円　ISBN978-4-571-25056-9　C3011

様々な若者文化を分析し，これまで「遊び」と見なされていた行動から人間を見つめ直す新しい心理学の提案。

高木秀明 監修／安藤嘉奈子・小沢一仁・橋本和幸 編
挫折と向き合う心理学
●青年期の挫折を乗り越えるための心の作業とその支援
◎2,700円　ISBN978-4-571-23061-5　C3011

不安定な青年期に待ち受ける「挫折」。青年が挫折と向き合う方法とその意味，支援のあり方を丁寧に論じる。

髙坂康雅 著
公認心理師試験対策総ざらい
実力はかる5肢選択問題360
◎2,800円　ISBN978-4-571-24092-8　C3011

過去の出題内容・傾向を分析し，難易度も実践級，解答も本番と同じ5肢選択形式。試験前の仕上げに最適。

髙坂康雅 著
公認心理師試験対策はじめの一冊
基礎力はかる肢別問題420
◎1,800円　ISBN978-4-571-24075-1　C3011

公認心理師国家試験のための「最初の一冊」。基礎心理学から実務，関連法規まで，420問を解説とともに収録。

◎価格は本体価格です。